PRECISAMOS NOS VER MAIS

Billy Baker

PRECISAMOS NOS VER MAIS

Um relato esclarecedor e divertido sobre por que os homens precisam de amigos homens

SEXTANTE

Título original: *We Need to Hang Out*

Copyright © 2021 por Billy Baker
Copyright da tradução © 2022 por GMT Editores Ltda.

Publicado mediante acordo com Avid Reader Press,
um selo da Simon & Schuster, Inc.

Todos os direitos reservados. Nenhuma parte deste livro pode ser reproduzida sob quaisquer meios existentes sem autorização por escrito dos editores.

tradução: Carolina Simmer
preparo de originais: Isabella D'Ercole
revisão: Ana Grillo e Luis Américo Costa
diagramação: Valéria Teixeira
capa: Estúdio Insólito
imagem de capa: Palto/ iStock
impressão e acabamento: Bartira Gráfica

CIP-BRASIL. CATALOGAÇÃO NA PUBLICAÇÃO
SINDICATO NACIONAL DOS EDITORES DE LIVROS, RJ

B142p

Baker, Billy
    Precisamos nos ver mais / Billy Baker ; tradução Carolina Simmer. - 1. ed. - Rio de Janeiro : Sextante, 2022.
    208 p. ; 21 cm.

Tradução de: We need to hang out
ISBN 978-65-5564-403-6

1. Não ficção americana. I. Simmer, Carolina. II. Título.

22-77663   CDD: 813
                                    CDU: 82-3(73)

Gabriela Faray Ferreira Lopes - Bibliotecária - CRB-7/6643

Todos os direitos reservados, no Brasil, por
GMT Editores Ltda.
Rua Voluntários da Pátria, 45 – Gr. 1.404 – Botafogo
22270-000 – Rio de Janeiro – RJ
Tel.: (21) 2538-4100 – Fax: (21) 2286-9244
E-mail: atendimento@sextante.com.br
www.sextante.com.br

Para todos os meus amigos

Sumário

Nota do autor   9

Um   11
Dois   22
Três   32
Quatro   50
Cinco   62
Seis   78
Sete   98
Oito   116
Nove   133
Dez   151
Onze   162
Doze   173
Treze   187

Agradecimentos   205

Nota do autor

A história deste livro chegava ao fim na época em que a Covid-19 surgiu. Ao nos separar, a pandemia nos lembrou por que somos melhores juntos.

Um

Vamos começar pelo momento em que percebi que eu era um velho solitário, que ocorreu pouco depois que me disseram que eu estava destinado a me tornar um.

Fui convocado à sala do editor com uma das mentiras mais clássicas do jornalismo: "Temos uma história perfeita para você." É assim que os editores falam quando estão prestes a enrolar você e a convencê-lo a fazer algo desagradável. Essa mentira não é aposentada porque funciona bem com certos tipos de ego.

E foi assim que acabei levantando da minha mesa, na editoria de notícias locais do antigo prédio do *The Boston Globe*, e fiz a curta caminhada até o outro lado da redação, onde ficava o pessoal que trabalhava na revista de domingo. Verifiquei se meu sensor de papo furado estava ligado antes de desabar irritado em uma cadeira na sala do editor.

– Queremos que você escreva sobre o fato de homens de meia-idade não terem amigos – disse ele.

Como é que é?

Ele não esperou por uma resposta e começou a apresentar seus argumentos com rapidez, exibindo papéis sobre a mesa e janelas no computador enquanto defendia sua tese: as amizades modernas passavam por uma crise, com consequências desastrosas para a saúde física e mental das pessoas.

Ei, cara, está dizendo que eu não tenho amigos? Aliás, você me chamou de velho?

Ele ignorou minha expressão facial, que alternava entre a vontade de brigar e a de chorar, e chegou à grande conclusão, outra das mentiras mais testadas e aprovadas no jornalismo:

– Vai ser divertido! – exclamou.

Finalmente, o silêncio indicou que havia chegado minha hora de falar, mas eu não sabia como responder àquela proposta; mal tinha começado a processar o pedido.

– Vou pensar no assunto – falei para o editor. É assim que repórteres tentam desconversar quando querem fugir de uma tarefa indesejada.

Enquanto voltava para minha mesa, repassei mentalmente uma lista de amigos para quem poderia ligar para comprovar que eu não era a pessoa certa para escrever uma matéria sobre solidão.

Em primeiro lugar, havia o Mark. Nós estudamos juntos no ensino médio e ainda nos falávamos o tempo todo, nos víamos sempre e...

Espera, com que frequência a gente se encontrava? Talvez umas quatro ou cinco vezes por ano? Talvez menos?

E havia meu outro melhor amigo da época da escola, Rory...

Sinceramente, não consegui me lembrar da última vez que vi Rory. Fazia um ano? Era possível.

E havia meu irmão, Jack, mas ele tinha se mudado para a Califórnia depois da faculdade e, se nos víamos duas vezes por ano, era muito.

Continuei repassando minha lista mentalmente, pensando

em bons amigos, ótimos amigos, amigos de uma vida inteira, amigos que tinham a obrigação moral de ir ao meu enterro. A maioria parecia ainda fazer parte da minha vida, mas por quê? Porque eu conhecia seus filhos pelo Facebook? Fazia anos que não via aquelas pessoas. Décadas, no caso de algumas. Como os dias podem parecer tão demorados enquanto os anos passam em um piscar de olhos?

Quando cheguei à minha mesa, já tinha sido inundado pela decepção e sabia que a raiva viria logo em seguida.

O editor tinha razão. De fato, eu era perfeito para a matéria. Não porque havia algo de errado comigo, mas porque eu era um sujeito dolorosamente comum.

E, se as informações apresentadas por aquele editor idiota estivessem certas, eu estava seguindo por um caminho perigoso.

◄◄ ►►

Eu tinha feito 40 anos havia alguns meses. Era casado e tinha dois filhos pequenos. Recentemente havíamos comprado uma casa meio feia, com revestimento branco na fachada, em uma pequena cidade costeira a uma hora ao norte de Boston. Nossa garagem abrigava dois carros tipo perua, que tinham camadas de biscoitos salgados esmigalhados no chão fazendo as vezes de tapetes. Quando eu pisava em uma peça de Lego de madrugada, a caminho do banheiro, dizia a mim mesmo que era legal ter me transformado no estereótipo de pai de seriados americanos.

Durante a semana, boa parte da minha vida girava em torno do trabalho. Ou de me arrumar para o trabalho. Ou de dirigir para o trabalho. Ou de dirigir para casa voltando do trabalho. Ou de mandar mensagens para minha esposa avisando que eu me atrasaria para voltar do trabalho.

Sim, eu tinha amigos na redação, mas apenas pela proximidade acidental. Raramente encontrava aquelas pessoas fora dali. A maior parte do meu tempo restante girava ao redor dos meus filhos. Eu passava muito tempo perguntando a eles onde estavam seus sapatos e eles passavam muito tempo me perguntando quando teríamos uma "hora com o papai". Sempre que ouvia essa frase, meu coração apertava e eu ficava paralisado pela culpa, porque eles costumavam pedir isso nos momentos em que percebiam que não seriam atendidos – quando eu estava distraído com um e-mail no celular, ou escondido no quarto de hóspedes me matando para entregar uma matéria dentro do prazo, ou lidando com a logística chata e infinita de manter uma casa.

Normalmente, uma "hora com o papai" era encaixada antes de eles irem dormir – em geral, brincávamos de luta ou líamos um livro – e todos os dias eu ainda dava conta de separar um tempo para mim, que costumava se resumir a acordar antes de amanhecer para ir à academia ou sair para correr antes de começar a procurar os sapatos dos meus filhos.

Mas, somando tudo, não sobrava tempo para os amigos. Mesmo sem perceber, eu era o culpado por ter me tornado uma pessoa solitária.

◂◂ ▸▸

– Você devia aproveitar essa matéria para tomar uma atitude.

Isso veio de Richard Schwartz. Ele é psiquiatra e eu entrei em contato porque meu editor mandou. Sou o primeiro da fila quando se trata de fugir de reflexões desagradáveis, então conversar com um psiquiatra não seria minha principal prioridade no momento. Mas Schwartz era de Boston e tinha publicado um livro com a esposa, a Dra. Jacqueline Olds, chamado *The Lonely*

American: Drifting Apart in the Twenty-First Century (O americano solitário: o distanciamento no século XXI), que encontrei na seção "Corpo e alma" da biblioteca da redação. Com relutância, liguei para ele.

Schwartz parecia um cara legal e logo chegou a duas conclusões sobre mim: minha história era muito comum... e muito perigosa.

Ele me disse que, quando se tornam ocupadas demais, as pessoas não limitam o tempo que passam com os filhos ou no trabalho. Elas limitam o tempo que passam com os amigos.

– E os perigos disso para a saúde pública são incrivelmente perceptíveis – falou Schwartz com a seriedade apropriada.

A partir dos anos 1980, diversos estudos começaram a mostrar que pessoas socialmente isoladas dos amigos – independentemente do nível de atividade em suas vidas familiares – eram bem mais propensas a encarar uma lista imensa de problemas de saúde e apresentavam muito mais chances de sofrer morte precoce do que seus colegas socialmente conectados. Essas conclusões levavam em conta informações como idade, gênero e estilo de vida.

A solidão mata. E, no século XXI, é inegável que a solidão se transformou em uma epidemia.

Solidão é um estado subjetivo em que o sofrimento que você sente é causado pela discrepância entre as conexões sociais que deseja ter e as conexões sociais que realmente possui. Não é difícil chegar a esse ponto. Eu me encaixo muito nesse conceito. Muita gente se encaixa.

Você pode se sentir solitário quando está sozinho, mas também pode se sentir solitário no meio de uma multidão. Não importa a forma como ela se apresenta, as consequências da solidão são terríveis. Cite qualquer doença que você não deseja ter e haverá um estudo que a associa com a solidão. Diabetes.

Obesidade. Alzheimer. Cardiopatias. Câncer. Um estudo descobriu que, em termos de danos à saúde, a solidão equivale a fumar 15 cigarros por dia.

Agora vejamos uma pesquisa de 2019 que apontou que 61% dos americanos são comprovadamente solitários, com base em sua pontuação na Escala de Solidão da Universidade da Califórnia em Los Angeles (UCLA), o padrão-ouro há décadas. Essa porcentagem aumentou em sete pontos em apenas um ano. De acordo com outro grande estudo, conduzido pela AARP, uma organização com foco no estilo de vida dos cidadãos de meia-idade, mais de 42 milhões de americanos acima dos 45 anos sofrem de "solidão crônica".

E a coisa piora: uma pesquisa da Universidade Brigham Young, que usou dados de 3,5 milhões de pessoas coletados ao longo de 35 anos, descobriu que indivíduos que sofrem de solidão, isolamento ou até aqueles que apenas moram sozinhos tiveram um aumento de 32% no risco de morte prematura.

Hoje mais pessoas vivem sozinhas do que em qualquer outro momento da história. Nos Estados Unidos, 27% dos lares são de uma única pessoa. Em 1970, essa porcentagem era de 17%. Para os americanos mais velhos, o número é ainda maior. Quase um terço da população com mais de 65 anos mora sozinha. Aos 86, o percentual sobe para 50%.

Apesar de ser nítido que a solidão é um problema gravíssimo para nossa sociedade, Schwartz me disse que lidar com ela é muito difícil por um motivo bem simples: ninguém quer admitir que se sente sozinho.

– Desde que eu e minha esposa escrevemos sobre solidão e isolamento social, passamos a atender um bom número de pessoas com esse problema – contou Schwartz. – Mas elas não costumam dizer que estão solitárias. A maioria se sente como você na sala do seu editor; admitir que vive na solidão é muito parecido com admitir fracasso. A psiquiatria luta para tirar o estigma de coisas como a depressão e teve sucesso em grande parte. Hoje as pessoas se sentem mais confortáveis em admitir que estão deprimidas. Mas não gostam de dizer que se sentem sozinhas porque não querem ser o aluno excluído da escola. Nunca fui esse cara. Sou extrovertido e sociável. Jamais tive dificuldade de fazer amigos. Mantenho contato com todo mundo. Ou, pelo menos, comento os posts do Facebook das pessoas e elas comentam os meus.

Eu e minha esposa saímos com outros casais de vez em quando. E até já saí com caras que conheci através dos meus filhos, em algum trabalho ou qualquer coisa assim. Porém esses eventos quase nunca se repetem. Nós tomamos umas cervejas, conversamos sobre como não temos tempo para nada e raramente saímos de casa para nos divertir; fazemos planos vagos para nos encontrar de novo, apesar de os dois saberem que isso jamais acontecerá. É uma forma educada de chutar a bola pelo campo sem alcançar o gol. Eu gosto de você. Você gosta de mim. Isso basta? É assim que são as amizades nesta fase da vida?

Schwartz me convenceu de muitas coisas durante nossa conversa, mas não conseguiu me fazer admitir que me sinto solitário. Nada disso, eu não. Eu era apenas um caso típico da maioria silenciosa das pessoas que se recusa a admitir que está ávida por amizades, apesar de todos os sinais indicando o contrário.

⏪ ⏩

Antes de desligar, Schwartz novamente me incentivou a tomar uma atitude. Sugeriu que eu encontrasse alguma atividade regular, e não precisei de um doutorado para entender por que esse é o conselho favorito dos especialistas da área. Como os médicos diriam, planejar qualquer coisa é um saco. Planejamento requer iniciativa e, se você precisa tomar iniciativa sempre que quiser encontrar um amigo, o esforço facilmente passa a ser encarado como outra chatice desnecessária. Qualquer um que já tenha se envolvido em uma interminável troca de mensagens para planejar o encontro de um grupo de amigos sabe a rapidez com que as complicações podem matar uma ideia. Com frequência, o momento de alegria não surge quando você encontra pessoas queridas, mas quando o planejamento termina.

Assim, a recomendação de especialistas é meio geriátrica: entre para uma equipe de boliche... basicamente.

Outro conselho é pegar o telefone – um problema, caso você seja igual a mim, isto é, um homem. Odeio falar ao telefone. Essa é uma reclamação tipicamente masculina, além de uma famosa barreira para as amizades. Para as mulheres, no entanto, o telefone é uma ferramenta para fortalecer as relações. Pouco depois de encerrar a conversa com Schwartz, li uma matéria sobre uma palestra recente de um professor de Oxford chamado Robin Dunbar apresentando um estudo que mostra que mulheres são capazes de manter relacionamentos próximos apenas falando pelo telefone. Os homens, não. Minha esposa consegue ter conversas demoradas ao telefone com a irmã e as amigas, e eu fico observando, impressionado, enquanto ela anda de um lado para outro da cozinha. Toda ligação que faço para algum dos meus amigos parece durar 45 segundos antes de algum dos dois dizer "Valeu, a gente se fala mais tarde".

Homens precisam de atividades para criar laços. Essa descoberta é confirmada por vários estudos e pela simples observação: basta parar de olhar para o próprio umbigo e prestar atenção ao redor. É um fato inquestionável que homens formam suas amizades mais profundas em períodos de interação intensa, como durante a prática de esportes, o serviço militar ou a escola.

Nossa genética é programada assim: passamos milhões de anos caçando juntos. A troca de experiências não apenas é a melhor maneira de criarmos laços, mas também de mantê-los.

Aqui vai um detalhe que fará você fitar o horizonte e concordar com a cabeça. Pelo menos foi isso que aconteceu comigo quando Schwartz o mencionou em nossa conversa inicial. Aparentemente, psicólogos e sociólogos elaboram estudos em que tiram fotos de pessoas na surdina, sem elas repararem, e então as analisam em busca de padrões. Ao observarem as imagens de algumas dessas interações, perceberam uma diferença gritante na maneira como homens e mulheres se posicionam entre si.

Mulheres conversam cara a cara. Homens, lado a lado.

Quando fiquei sabendo dessa informação, passou a ser impossível ignorá-la. As provas estão em todos os cantos. Bancos de bar e cadeiras nos estádios são projetadas para isso. Mesmo em situações em que os homens se sentam à mesa, notei que eles naturalmente ajeitam as cadeiras de modo a olhar na mesma direção, observando o mundo juntos.

Todas essas conversas e reflexões me fizeram pensar em uma experiência importante que tive recentemente com um amigo. Corri a Maratona de Boston com um camarada da faculdade, Matt. Ele morava nos arredores de Chicago, mas, enquanto treinávamos, sempre falávamos sobre como detestávamos correr e essas conversas levavam a outras coisas. Quando dei por mim, estávamos mais próximos do que nunca, apesar de nossa conversa mais demorada ter acontecido nas quatro horas que levamos para ir do subúrbio de Hopkinton a Boston. Repetimos o mesmo ciclo alguns meses depois, na Maratona de Chicago, e foi fantástico passar por essa vivência com um amigo. Eu jamais teria conseguido sem ele. Porém, desde o dia em que cruzamos a linha de chegada em Grant Park, praticamente não tive contato com Matt. Nós paramos de compartilhar a mesma experiência.

Talvez eu devesse ligar para ele e tal, mas detesto falar ao telefone.

⏪ ⏩

Ao olhar para a minha vida, encontrei muitos motivos para ficar feliz. Tive a sorte de me casar com a mulher certa, caso eu precise desabafar com alguém. Meus filhos são maravilhosos. Todo mundo que amo está saudável e bem. Todas as peças se encaixavam. Tirando meus amigos. Eles não estavam nem na lista de "pendências". E a parte mais triste era que isso tinha se tornado normal.

Eu sentia falta dos meus amigos. E precisava acreditar que eles sentiam falta de mim. Será que deveria esperar para nos reunirmos em um campo de golfe depois de nos aposentarmos? Aquela matéria idiota me mostrou que o isolamento não apenas era triste, mas também muito perigoso. Tipo surpreendentemente perigoso. Como um escorrega lubrificado que leva a um poço cheio de estacas afiadas.

Mas tive uma ideia. Ou melhor, eu iria roubar uma ideia.

Pouco depois de nos mudarmos de Boston para Cape Ann, fiz uma aula de caiaque em uma lojinha em Essex que oferecia passeios guiados por Great Marsh. A loja era de um cara mais velho chamado Ozzie e de sua esposa, Sandy. Em algum momento, escutei Ozzie recusar um convite porque ele tinha a "Quarta à Noite".

Não entendi direito, já que quarta à noite parecia ser algo que todo mundo tinha, mas Ozzie explicou que a "Quarta à Noite" era algo combinado com alguns amigos de muitos anos, um acordo fixo de que eles se reuniriam todas as noites de quarta--feira para fazer alguma coisa juntos. Qualquer coisa.

A ideia parecia perfeita, uma mistura de esquisitice e intensidade, começando pelo nome, que era uma ausência de nome, algo também muito típico dos homens. E... quarta-feira. Nada de interessante acontece nas quartas-feiras.

Porém, acima de tudo, o que me impressionou foi o fato de ele e os amigos seguirem esse acordo há décadas. Havia uma doçura oculta no gesto e Ozzie não era um cara doce. Não, aquilo era o simples reconhecimento de que eles precisavam dos seus camaradas sem nenhum motivo específico.

Assim que ele me explicou o conceito, eu soube que iria roubá-lo. Quer dizer, quando eu fosse mais velho e precisasse de algo assim.

Três anos depois, enquanto escrevia aquela matéria fatídica, percebi que já tinha esperado tempo demais.

Dois

Minha maior inspiração é sempre o prazo de entrega, então segui a rotina habitual de acordar cedo, me encher de café até começar a fazer xixi como se estivesse grávido, depois encarar a tela do computador e entrar em pânico.

Que raios eu estava fazendo? Sobre o que escreveria naquela matéria? Sobre ser solitário? Tudo bem. Eu admito.

Digitei minhas reclamações, culpei meu editor por ter me sacaneado, acrescentei um pouco de pesquisa e, sem dó nem piedade, aceitei minha condição.

Para ser sincero, a situação toda me fez rir enquanto eu digitava. Devo ter parecido um psicopata. Tinha sido um caminho muito esquisito o que percorri desde que levantei da cadeira da sala do editor convencido de que provaria que ele estava errado.

Mas, em vez disso, fui obrigado a aceitar que eu não tinha mais amizades realmente ativas. E foi igualmente triste admitir que tinha chegado à meia-idade.

Que seja. Pelo menos eu tinha terminado o trabalho ingrato. Ninguém leria aquela matéria mesmo. Quem é que gosta de falar sobre solidão? Emily Dickinson a chamava de "o horror que não deve ser inspecionado", e ela era uma mulher que deitava na cama e escrevia poemas sobre a morte.

◀◀ ▶▶

Algumas semanas depois, eu estava sentado diante de um microfone em um estúdio da National Public Radio, já adaptado ao meu reinado como o Cara de Meia-Idade Mais Solitário dos Estados Unidos, falando ao vivo para a nação e me sentindo prestes a sofrer um colapso nervoso.

O Dr. Schwartz estava sentado à minha esquerda e, àquela altura do programa, já tínhamos tido uma conversa animada sobre a minha matéria e como eu mesmo era solitário. Então o apresentador do programa anunciou que a principal autoridade médica do governo americano entraria no ar falando ao vivo de Washington.

A voz do Dr. Vivek Murthy surgiu nos meus fones de ouvido e o apresentador imediatamente o desafiou a me defender:

– O que o senhor acha da teoria de que os americanos de meia-idade estão deixando de lado as amizades e quais as consequências disso?

Odiei a palavra "teoria", mas apenas porque ela era perfeita para transmitir a insegurança que borbulhava na boca do meu estômago, a síndrome do impostor que havia me dominado desde que a matéria fora publicada e transformara minha vida em uma loucura. O que eu sabia sobre saúde pública? Não sou médico. Não passo de um cara que tentou se livrar de uma tarefa chata. Provavelmente tinha interpretado tudo errado. Em vez de cobrir a história, era bem capaz de ter distorcido tudo para se encaixar na minha situação.

Fiquei com medo de estar prestes a ouvir uma correção vergonhosa. Porém, em vez disso, o bom médico me defendeu. Sua resposta foi completamente positiva e incentivadora, uma confirmação de que as reações que eu recebia – já falaremos disso – não eram uma anomalia, mas um pronunciamento de uma maioria silenciosa e solitária. Minhas melhores suspeitas se mostraram verdadeiras: eu não tinha exagerado; na verdade, poderia ter ido além. A instituição da amizade passava por uma crise. Algo fundamental estava quebrado. E precisava ser consertado.

– Bem, a ideia faz sentido não apenas para homens de meia-idade, mas para populações de várias categorias – disse o Dr. Murthy ao responder à pergunta do apresentador. – Uma das coisas que descobrimos é que subestimamos como a solidão ameaça a saúde pública. Nos anos 1980, cerca de 20% dos adultos admitiam se sentir solitários. Agora, esse total alcança 40% e creio que exista subnotificação, porque a maioria das pessoas não relata solidão por medo do estigma. Estamos falando de um estado subjetivo. Você pode ter dúzias de amigos e conhecidos e se sentir solitário mesmo assim.

Ele prosseguiu com uma lista assustadora de consequências que ainda tenho dificuldade em acreditar e então concluiu:

– A solidão é tóxica para a saúde.

A questão, por mais que eu relutasse em admitir, estava bem clara.

Estávamos enfrentando uma grave epidemia de solidão. E ela em breve pioraria com a chegada de um vírus que nos forçaria a ficar separados.

E, ao levantar a mão e admitir minha própria solidão, acabei parando no olho da tempestade que ameaçava desabar.

◄◄ ►►

Revistas levam um tempo para ser preparadas, então algumas semanas tinham se passado entre o dia em que entreguei a matéria e a data de sua publicação. Eu meio que me esqueci do assunto, ou melhor, evitei pensar sobre o fato de que estava prestes a admitir publicamente que abandonara muitas das minhas amizades próximas conforme entrei no ciclo de trabalho-família--trabalho e que isso fazia com que eu me sentisse um eremita.

Não dava mais para negar que meus sintomas se encaixavam perfeitamente no diagnóstico que me ofereceram. Porém identificar um problema não significa saber como resolvê-lo, e, sempre que eu cogitava tentar consertar minha questão com amizades, não tinha a menor ideia de por onde começar. Não podia simplesmente ligar para caras que não via fazia uma eternidade e dizer que estava com saudade, né? Eu precisava de algo intermediário, de um motivo para tomar essa atitude.

Em uma quinta-feira no começo de março, eu trabalhava de casa, sentado à minha escrivaninha, quando recebi um e-mail de um leitor sobre a matéria, que havia sido publicada na internet alguns dias antes de a edição impressa chegar às bancas.

Era uma mensagem legal e pessoal de um cara de Ohio dizendo que ele costumava ter uma "Quarta à Noite" com os amigos – no seu caso, era a "Primeira Terça do Mês" –, mas a tradição tinha ido por água abaixo quando o grupo foi se aproximando dos 40 anos e agora, aos 53, ele se perguntava o que tinha acontecido com todo mundo.

Não demorou muito para chegar outro e-mail. E outro. E outro. Então tudo virou uma bola de neve. Em um instante, minha caixa de entrada estava transbordando. Recebi milhares de mensagens de pessoas do país inteiro e *toneladas* de mensagens de homens na Austrália e no Canadá, curiosamente. A matéria logo se tornou uma das mais lidas da história do *The Boston Globe* e, depois de o contador passar de um milhão de leitores, parecia que todos me mandavam uma mensagem pessoal, chegando ao ponto em que a revista me ofereceu um estagiário para ajudar com as respostas.

Recusei a oferta e decidi responder a cada e-mail com sinceridade, não importava quanto tempo levasse, porque todos vieram de alguém que precisava ser ouvido. Muitos eram extremamente precisos: "Você me descreveu" ou "Parece que você entrou no meu cérebro". Outros ofereciam alguma versão de "Mandei a matéria para os meus amigos e, agora, vamos reunir a galera". Esses sempre me deixavam animado.

Mas havia centenas e centenas de e-mails que iam muito além disso, longos e emotivos. Recebi mensagens de jovens dizendo que sentiam como se tivessem mil "amigos" e nenhum ao mesmo tempo. Li relatos de pessoas mais velhas dizendo que eu não sabia da missa a metade. E fui contatado por solitários desesperados pedindo por um convite para a minha "Quarta à Noite".

A resposta dos homens na minha faixa etária – no começo da meia-idade – foi imensa, assim como a de homens mais velhos. Alguns ofereceram dicas do que tinha funcionado em seu caso. Muitos outros escreveram: "Eu queria ter lido isso 20 anos atrás." Minha tia me puxou em um canto para me dizer que estava preocupada com o marido, que deixou de lado a relação com os outros "pais das escolinhas de esporte" quando os filhos cresceram. Até minha mãe teve uma conversa franca com meu pai sobre ele sair mais.

Um debate abrangente havia sido iniciado, tomando rumos que nunca imaginei. O editor que originalmente jogou a tarefa no meu colo tinha a minha idade e era pai de quatro crianças pequenas. Nós olhamos por um canudo quando analisamos aquela questão; deveríamos ter usado uma lente grande-angular.

Recebi cartas de divorciados e viúvos me dizendo que seu círculo social havia desaparecido em um piscar de olhos; de gente que havia se mudado para um lugar novo e não conhecia ninguém; de pessoas que realmente se sentiam isoladas do mundo ao redor e não sabiam como se reconectar. Os leitores faziam muitas perguntas sobre coisas que eu não havia pesquisado, como o impacto das redes sociais ou o papel da solidão na epidemia de vícios. Muitos me enviaram estudos que eu não tinha visto, mostrando que o problema alcançava todos os cantos do mundo moderno. Em conjunto, essas informações embasavam o argumento de que uma espécie que prosperava com suas conexões sociais – o animal social – estava entrando em decadência conforme nos afastávamos dessa ideia central.

Na matéria, não falei sobre as mulheres e muitas me escreveram para perguntar: "Ei, e a gente?" Preferi me concentrar nos homens porque os dados sugeriam que a situação era pior para eles, mas a solidão estava longe de ser uma exclusividade masculina. E, para ser sincero, fiquei com medo de escrever sobre mulheres, porque a única certeza absoluta que tenho é que mulheres não gostam quando um homem explica como elas estão se sentindo. Mas esse argumento foi uma desculpa fácil, porque, quando eu pensava nas amizades das quais sentia falta, não eram apenas com caras, mas também com muitas amigas de longa data que se distanciaram pelos mesmíssimos motivos – todo mundo estava ocupado com compromissos importantes que não incluíam amizades.

Amigos ficam de lado até resolvermos as coisas "importantes", mas ninguém nunca resolve porra nenhuma.

De acordo com estatísticas sobre a utilização do tempo elaboradas pelo Departamento de Trabalho dos Estados Unidos, conviver com amigos está tão no fim da nossa lista de prioridades que o fato de ainda conseguirmos nos lembrar dos nomes deles chega a ser surpreendente. O trabalho é a atividade que mais consome tempo. Que surpresa. Dormir vem logo depois, apesar de a distância entre as duas medidas estar aumentando cada vez mais. O que resta são cerca de cinco horas por dia classificadas amplamente como "lazer". Isso inclui fazer exercícios físicos e socializar, porém a triste verdade é que passamos mais da metade desse tempo assistindo à televisão. "O principal agravante da solidão neste país é a televisão", opinou a antropóloga Ashley Montagu muitas décadas atrás. "O que acontece é que a família 'passa tempo junta' sozinha." Mesmo em 2017, pessoas entre 15 e 44 anos, os pioneiros no vício em smartphones, ainda passavam duas horas inteiras hipnotizadas pela telinha. Os mais velhos vão além. Socialização e comunicação – que vão desde telefonar para um amigo ou organizar uma festa até bater papo na frente do bebedouro do trabalho – ocupam uma média de apenas 39 minutos por dia. Boa parte desse tempo acaba ocorrendo nos fins de semana: nos sábados e domingos nos recompensamos com quase uma hora inteira por dia.

Uma continha rápida mostra que deu alguma merda nisso aí. Porém minha visão estava bloqueada por nosso comportamento de manada. Agora que enxergava o problema, me sentia cheio de determinação.

Por mais piegas que pareça, no meu coração eu me sentia como se estivesse seguindo um amigo de carro por uma estrada. Os veículos podem até se distanciar demais de vez em quando, mas é óbvio que ele vai parar para esperar por você em algum ponto do caminho. Você não será esquecido.

Mas precisa correr. E então precisa se esforçar para não perdê-lo de vista de novo.

Agora, graças àquela matéria boba, eu tinha encontrado uma forma de fazer exatamente isso. Parecia que todas as pessoas que passaram pela minha vida tinham lido aquela porcaria e nenhuma perdera a oportunidade de entrar em contato para dizer: "Sempre soube que você era esquisito."

Que bacana. Elas também sentiam saudades de mim. Eu respondia com muitas versões de "Precisamos nos ver mais", "Faz tanto tempo que a gente não reúne a galera" e "Vamos marcar alguma coisa". Também publiquei uma matéria rápida contando tudo que estava acontecendo e isso causou uma nova avalanche de mensagens que me soterrou. Durante esse período, a mídia não falava de outra coisa. Do nada, a solidão entrou na moda! Passei meses dando entrevistas a estações de rádios. Documentaristas queriam conversar. Fui convidado para integrar uma mesa-redonda sobre solidão e felicidade no festival South by Southwest e os ingressos acabaram tão rápido que uma segunda sessão foi organizada.

No âmbito pessoal, enquanto eu andava por aí debatendo a matéria original, minha cabeça já estava em outro lugar, montando as peças de um quebra-cabeça para me guiar durante a próxima parte da jornada. Porque eu realmente acreditava no que lera sobre a solidão e suas consequências. E as pessoas que escreviam para mim, também. Era por isso que não me pediam mais provas da existência do câncer. Elas perguntavam pela cura.

A ciência da solidão foi ouvida. Agora era a hora de ver se a ciência da amizade conseguiria o mesmo resultado.

Fiz planos, planos ambiciosos, planos ridículos, alguns de verdade e outros apenas na minha cabeça. Porém, em poucas palavras, eu estava dando os passos recomendados pelos especialistas para colocar minha vida social de volta nos trilhos. E, como prometido, os impactos positivos na minha saúde emocional foram imediatos. Só fazer planos já me reconectava um pouco com as pessoas. Mesmo que esses planos nunca se concretizassem como eu desejava, era bom sentir que ainda nos importávamos uns com os outros e que estávamos nos esforçando para fortalecer laços.

É incrível como esses laços se afrouxam quando você os enfia no bolso e esquece da sua existência.

⏪ ⏩

Estas páginas mostrarão se me tornei o herói das minhas amizades ou se as deixei murchar e apodrecer – pelo visto, é assim que homens modernos se comportam.

Uma longa jornada me aguardava. Era impossível prever por quais caminhos ela me levaria. Mas eu sabia exatamente onde precisava começar: a 6 mil quilômetros de distância, na margem do Leste Europeu.

Isso porque, no instante em que me tornei o Cara de Meia-Idade Mais Solitário dos Estados Unidos, recebi um chute direto no saco.

Assim que a matéria foi publicada na internet, a primeira coisa que fiz foi enviá-la para Mark e Rory, meus amigos da época do ensino médio, os dois caras que mencionei no artigo.

"Esqueci de contar que escrevi uma história sobre como vocês são uns amigos de merda e estou com saudade", enviei.

Mark respondeu na mesma hora:

"Quem é você?"

Era uma mensagem típica de Mark. Ele só consegue se comunicar sendo implicante. Por anos, ele sempre brincou que, não importa com quem estiver ou em qual situação, se alguém mencionar o meu nome, sua resposta é sempre a mesma.

– Billy Baker? – pergunta em tom escandaloso. – Nunca fui com a cara desse sujeito.

Então ele muda de assunto e espera alguém me contar sobre seu comentário.

Encontrei seu amigo Mark ou pelo menos eu achava que vocês fossem amigos, mas ele disse que nunca foi com a sua cara.

É o seu jeito de mostrar que me ama.

A resposta de Rory não teve graça. "Adorei a matéria", escreveu. "Com certeza me sinto assim também."

E então se desculpou por se esquecer de mencionar algo meio importante. Ele tinha se mudado.

Para Viena.

Fui pego de surpresa. Tentei engolir o fato, mas ele entalou na minha garganta. Um dos meus dois melhores amigos havia se mudado para a porra da Áustria e nem se dera o trabalho de me contar.

"Alguma coisa deu muito errado com a gente", escrevi de volta.

"Muito errado", respondeu ele. "Precisamos acertar as coisas enquanto ainda dá tempo."

Três

No ano 2000, duas cientistas da UCLA tiveram um momento "Eureka!" que levaria a uma descoberta revolucionária e mudaria para sempre a compreensão de como homens e mulheres reagem ao estresse. E tudo começou quando uma delas olhou ao redor do laboratório e fez uma pergunta simples: "Onde se meteram todos os babacas dos homens?"

A pergunta, que parafraseei, já havia sido respondida em 1915, quando um psicólogo de Harvard chamado Walter Bradford Cannon criou o termo "lutar ou fugir" para descrever a reação de um animal ao estresse e ao perigo. Quando um animal se sente ameaçado, o sistema nervoso simpático aciona uma enchente de elementos químicos que – dependendo da situação, do temperamento do organismo que recebe a inundação e da sua posição na cadeia alimentar – causam uma reação de agressão ou fuga. Em momentos estressantes no laboratório da UCLA, todos os homens escolhiam a opção "cair fora".

No entanto, boa parte da pesquisa inicial por trás do "lutar ou fugir" e também estudos subsequentes que apoiaram a teoria de Cannon tinham um grave defeito: eles se concentraram quase exclusivamente nas reações dos homens em momentos de estresse.

"Quando os homens [do laboratório] ficavam nervosos, se escondiam sozinhos em algum canto", explicou Laura Cousino Klein, uma das cientistas da UCLA. As cientistas chegaram a essa conclusão com facilidade porque – e essa foi a percepção genial – as mulheres permaneciam no laboratório. Elas não sumiam quando o estresse batia à porta. Em vez disso, "entravam, limpavam tudo, tomavam café e criavam conexões", observou Klein.

Ela e uma colega pesquisadora chamada Shelley Taylor se dedicaram ao assunto e encontraram a resposta no hormônio ocitocina, que é o mais legal de todos, associado a amor, abraços, arco-íris e unicórnios.

Quando o cérebro feminino é tomado pelo estresse, a glândula pituitária, aquela ervilhinha bem importante que fica na base do cérebro, produz ocitocina, que combate a ânsia de lutar ou fugir. Em vez disso, a ocitocina incentiva as mulheres a se reunir e fazer coisas como cuidar das crianças, atividades que acionam a liberação de ainda mais ocitocina. Não demora muito para a calma e a racionalidade voltarem e o laboratório estar limpo. Klein e Taylor chamaram sua teoria de "cuidar e fazer amizade".

Os homens, por outro lado, são homens. E sua reação ao estresse é, por si só, uma competição entre os compostos químicos corporais mais irracionais: a testosterona, que deseja brigar, e o cortisol, que quer escapar. Os dois travam uma batalha constante para regular comportamentos dominantes e competitivos e determinar o vencedor do lutar ou fugir.

Contei isso tudo para explicar uma discussão que tive com minha esposa um dia, na cozinha, enquanto eu refletia sobre visitar Rory em Viena. Ela achava que eu deveria ir, porque Rory provavelmente precisava de um abraço e de um amigo com quem conversar. Eu achava que ele precisava de um tapa na cabeça por ir embora sem me contar.

◄◄ ►►

Para ser sincero, preciso admitir que sou fã daquelas cenas nos filmes em que o cara sai em disparada para o aeroporto para salvar um relacionamento. Elas são todas iguais, mas sempre funcionam. Tem o trajeto frenético de táxi; o dinheiro sendo jogado no motorista; a caminhada apressada pelo terminal em busca do painel de partidas; a procura pelo número do voo; o zoom nas palavras "Última chamada"; e então... a corrida.

Eu adoro a corrida. A câmera que segue a ação. A música que domina a cena. A completa indiferença ao fato de que ninguém seria capaz de fazer nada daquilo em um aeroporto depois dos atentados de 11 de setembro. O herói pulando, abrindo caminho pela multidão, desviando de crianças e malas de rodinhas. Corta para o funcionário no portão anunciando a última chamada para o embarque. O herói agora está a plena velocidade enquanto mais crianças e malas surgem em seu caminho. A mulher já está na ponte de embarque, lançando um último olhar desamparado por cima do ombro, se questionando, antes de hesitantemente entregar sua passagem e... "Espera...!!!".

Agora era eu que estava disposto a fazer isso tudo por um amigo.

Estava mesmo? A questão era que, antes de toda essa história da Nação dos Solitários começar, eu andava me perguntando se Rory ainda era meu amigo. Se havia um motivo para termos nos afastado. Talvez a vida tivesse seguido em frente. Talvez nós tivéssemos mudado. Talvez não devêssemos mais ser próximos. Talvez, só talvez, houvesse um motivo para que "contar ao Billy que vou me mudar para Viena" não tivesse entrado na lista de coisas para ele fazer antes de arrumar as malas.

Porém uma coisa me impedia de seguir completamente essa linha de pensamento: a raiva. Eu estava com raiva por ele ter ido embora sem se despedir. Se eu não me importasse, sentiria raiva mesmo assim? Ficaria irritado com o que tinha acontecido nos nossos aniversários no ano anterior? Fazemos aniversário com um dia de diferença e sempre comemoramos juntos. Sempre. Até o ano anterior, quando Rory "deu uma de Rory" – essa é uma expressão registrada, criada por ele mesmo – e não foi à minha festa de 40 anos. Ou melhor, ele "deu uma de Rory" e me mandou uma mensagem às 23 horas dizendo que estava terminando um negócio e depois iria para minha casa, que ficava a 45 minutos da dele. "Cara, foi uma festa de aniversário de 40 anos", respondi. "Todo mundo já foi embora, babaca."

Mas lá estávamos nós – eu, no meio de uma avalanche como o Cara de Meia-Idade Mais Solitário dos Estados Unidos, e meu melhor amigo do outro lado do mundo – e nossos aniversários se aproximavam de novo. Então saí em disparada para o aeroporto em uma tentativa de salvar nosso relacionamento.

Como eu disse, sou fã desse tipo de coisa. A vida é mais difícil quando você se importa com os outros.

◀▶

No voo, li um livro chamado *Loneliness* (Solidão), uma ótima forma de garantir que a pessoa do meu lado não tentaria puxar conversa. *Loneliness: Human Nature and the Need for Social Connection* (Solidão: a natureza humana e a necessidade de conexão social) foi coescrito por John T. Cacioppo, neurologista cognitivo e social da Universidade de Chicago. Antes de falecer, em 2018, ele era considerado o maior especialista mundial na ciência da solidão e em suas consequências, que alegava serem tão ruins para a saúde quanto cigarro, obesidade e pressão alta. O livro talvez tenha sido seu trabalho de maior destaque e estava lotado de conclusões escrotas cientificamente comprovadas. Inclusive a porrada de que os seres humanos modernos parecem se tornar mais solitários a cada geração que passa. Porém Cacioppo, para seu crédito, não focava apenas no lado deprimente das coisas – ele também defendia as incríveis vantagens mentais e físicas de amizades e conexões sociais. Gostei tanto dessas partes do livro que quase fiquei com vontade de conversar com o cara sentado ao meu lado, mas isso é um tabu para os homens. Aviões, elevadores e mictórios são locais proibidos para puxar papo. Apenas finja que os outros são invisíveis. (Consulte: homens, regras implícitas.)

De toda forma, eu não estava a fim de conversa porque tinha na mão um lápis e sentia a boa e velha batalha química do lutar ou fugir se agitando dentro de mim enquanto passava e voltava para a página 6, tentando decidir se queria mesmo fazer aquilo. Nessa página, Cacioppo colocou as perguntas usadas na Escala de Solidão da UCLA. Desenvolvida em 1978 e revisada algumas vezes ao longo dos anos, ela é considerada o padrão-ouro para estudos empíricos sobre o tema. O teste consiste em 20 perguntas rápidas em que você se classifica em uma escala de 1 a 4 em questões como "Com que frequência você se sente excluído?" e "Com que frequência você sente que as pessoas estão ao seu redor, mas não com você?". Esse tipo de coisa legal. Então você soma os pontos e descobre a "nota" da sua solidão.

Todo mundo se sente sozinho de vez em quando. Isso é normal. Mas agora, ao me deparar com a ideia de que poderia medir cientificamente a minha solidão, eu entrava em pânico no avião.

Nas últimas semanas, desde a publicação da matéria, eu era cumprimentado por um coral constante de "Olha, é o cara que não tem amigos!". Isso aconteceu tantas vezes que eu já tinha uma resposta ensaiada: "Eu nunca disse que não tenho amigos. Só não passo muito tempo com eles." Era uma piadinha para fugir do assunto. Mas era nítido que fugir não estava dando certo, então havia chegado a hora de lutar. E a primeira regra das lutas é saber quem você está enfrentando – além disso, era véspera do meu aniversário e eu estava no clima das reflexões superficiais que surgem ao fim de cada volta da Terra ao redor do Sol. Peguei meu lápis novinho em folha – um elegante Blackwing 602 que foi presente de aniversário adiantado de um dos meus filhos, porque eu decidira que já era velho o suficiente para pedir lápis chiques de presente – e fiz o teste.

Obriguei-me a ser vergonhosamente sincero enquanto analisava os sentimentos que surgiam a cada pergunta. Algumas me deixaram feliz. Outras geraram um "pooorra" baixo e gutural.

Foi rápido e somei os pontos quando acabei. A "nota" da minha solidão foi 44; por acaso, a média exata dos adultos americanos, segundo um estudo recente. Mas 44 não é "mediano" – é um valor classificado na escala como "solidão alta".

Notas entre 33 e 39 são consideradas medianas no espectro. Normais. Saudáveis. Raras. *Millennials* pontuam uma média de 45,2, o que significa que a nova geração de adultos é a mais solitária da história. Cerca de 71% se classificaram como "solitários" em algum grau, enquanto apenas metade dos *baby boomers* fez o mesmo.

Contudo, os *millennials* não ficarão na dianteira por muito tempo. A geração depois deles, os jovens nascidos após a metade da década de 1990, os primeiros na era em que a vida social se fundiu com o mundo digital, está entrando na faculdade agora, no auge dos seus anos de amizades mais amigáveis.

Por enquanto, 79% deles se consideram solitários. Sua nota média é 48,3. Isso é assustador.

◀◀ ▶▶

Antes de contar o que Rory tirou da bolsa quando nos encontramos em uma cafeteria em Viena na manhã do meu aniversário de 41 anos – que foi a melhor coisa que aquele idiota poderia ter tirado da bolsa naquele momento –, precisamos dar uma olhada na história da nossa amizade.

Conheci Rory na sétima série e fizemos o ensino médio juntos, mas eu jamais diria que éramos amigos próximos. A gente andava com grupos que se misturavam, mas ele era um pouco mais "alternativo", como diziam na época: era fã de Morrissey e poesia e usava coturnos e camisas de flanela. Na verdade, ele fazia parte do time de hóquei junto comigo e Mark, mas quase não me lembro da sua presença, já que ele costumava sentar no banco de reservas e não chamava a atenção em um vestiário cheio de exibidos.

Nosso primeiro momento real de amizade aconteceu em uma praia no México, ao nascer do sol, na última noite da nossa viagem de formatura, quando compartilhamos Coronas quentes e sonhos impossíveis para o futuro.

Estudos mostram que tendemos a escolher amigos com qualidades que desejamos ter, e Rory sonhava com uma vida literária, cheia de livros, música e cervejas em pubs. Era um caminho que começava a se iluminar para mim, mas ele já estava determinado (tinha irmãos mais velhos maneiros), então eu meio que fui seguindo sua onda no começo. Não me lembro do conteúdo da conversa naquela manhã no México que mudou nossa vida. Lembro apenas de reconhecer que tinha encontrado um amigo para bancar o escritor comigo e do brilho quente que emana desses momentos da juventude em que o mundo parece ter se tornado seu.

Na faculdade, descobrimos Jack Kerouac e Hunter S. Thompson, basicamente cancelando quaisquer planos que tínhamos de nos tornarmos adultos funcionais. Após a formatura, fomos para

Dublin, onde alugamos um apartamento encardido, no último andar de um prédio numa parte barra-pesada do norte da cidade, e vagávamos pelas ruas com nossos amigos Patrick e Joe. Juntos, éramos aspirantes literários profundamente ambiciosos e sem noção, lendo James Joyce, escutando Tom Waits e nos tornando loucamente convencidos de tudo aquilo.

Continuamos nessa toada ao voltarmos para casa, em um apartamento de último andar ainda mais encardido, perto da Harvard Square. Foi lá que, uma noite, enquanto eu dormia, ela chegou e mudou tudo. Vamos chamá-la de Cersei.

Rory trabalhava como bartender em um bar da praça e eu trabalhava para um jornal minúsculo do bairro enquanto me preparava para escrever o Grande Romance Americano, sempre fazendo planos vagos sem jamais decolar, como Kerouac diria. Quando nos demos conta, estávamos com quase 25 anos e continuávamos na farra, o que significava que, aquela noite, Rory entrou cambaleando pela porta com suas babaquices de sempre; no caso, trazer o bar inteiro para casa com ele.

Agora vamos parar por um instante e imaginar um Billy Baker de 24 anos sendo acordado de repente, às 3 da manhã, naquela noite específica no meio da semana, com a testosterona e o cortisol brigando em seu interior enquanto ele decidia se matava Rory por ficar inventando merda de novo ou se levantava da cama para participar da festa.

Nesse episódio das horas extras de Rory, o barulho me acordou antes mesmo de as pessoas chegarem ao apartamento, enquanto ainda tentavam subir o último lance de escadas, rindo, sussurrando para ficarem quietas, cambaleando e caindo até a porta finalmente se abrir e a festa entrar na sala, bem do outro lado do quarto onde eu dormia. Foi então que escutei a voz de Cersei pela primeira vez.

Ela começou com uns elogios sobre a decoração da sala, mas

usando um tom de superioridade, como se estivesse impressionada por termos ido além de roubar pôsteres de cerveja dos bares da faculdade. Então seguiu para uma análise depreciativa e não solicitada das pinturas a óleo de duas mulheres desconhecidas, que chegaram às nossas mãos nem sabíamos como. Porém ela guardou seu monólogo mais grandioso para as cadeiras giratórias baixas, forradas com couro verde-azulado, que convenci Rory a comprar nos fundos de uma loja de segunda mão. Nós as chamávamos de cadeiras de *talk show*, porque sentar nelas fazia você se sentir e agir como se estivesse sendo entrevistado na televisão. A gente adorava aquelas cadeiras. Todo mundo adorava aquelas cadeiras. Cersei deixou claro que sua opinião era diferente.

Os outros participantes do *after* foram aos trancos e barrancos para a cozinha, porém Cersei seguiu direto para as cadeiras de *talk show* e continuou falando alto com Rory pelo corredor, por onde ele seguiu para buscar bebidas. Ela falava com paixão de suas viagens e sua arte – pelo visto, era uma artista – e o Billy Baker de 24 anos ficou ouvindo do outro lado da parede fina de gesso, sua noite de sono sob ameaça, enquanto uma guerra química era travada dentro de seu corpo. Imagine o Billy Baker que você conheceria dois minutos depois de ele ter vestido uma roupa qualquer e sentado na outra cadeira de *talk show*. Se você estiver imaginando um babaca, uma pessoa que exala um perfume de "Chegou a hora de você cair fora daqui", então tem razão. Foi assim que conheci Cersei.

As bebidas vieram da cozinha. Não lembro do que conversamos depois, mas, em algum momento, Cersei parou, olhou para cima como se me analisasse através de um monóculo e anunciou:

– Não sei por quê, mas não gostei de você.

Senti – e ainda sinto – uma inveja extrema por ela ter dito isso primeiro.

Mas preciso dizer que gostei da sinceridade, já que imaginei que aquele golpe rápido nos economizaria muito trabalho e conquistaria aquilo que nós dois parecíamos querer: nunca mais nos vermos. Não foi isso que aconteceu. Não, o que aconteceu foi que ela começou a namorar meu melhor amigo. Quinze anos depois, nossa relação permanecia mais ou menos do mesmo jeito.

Surpreendentemente, minha amizade com Rory não mudou tanto quanto eu temia conforme os dois evoluíram de namorados para sócios em uma empresa. Nós dois continuamos próximos e, pouco tempo depois, ele veio trabalhar como meu "fotógrafo" em uma matéria ridícula. Eu havia crescido em South Boston, Massachusetts – um bairro mítico conhecido como "Southie" –, e viajamos para South Boston, Virginia, para eu pesquisar por que raios havia uma South Boston na Virginia. Nunca descobri a resposta nem escrevi a matéria. Mas conheci uma mulher chamada Lori, que se tornaria minha esposa.

Eu e Lori passamos dois anos na Virginia, depois dois anos em Nova York e, quando os 30 se aproximavam, fomos morar no mesmo prédio de Rory e Cersei, em Cambridge. Era um edifício antigo e estranho, chamado The London, cujo dono era uma figuraça que misteriosamente havia perdido um dedo mindinho. Por cinco anos, Rory e Cersei moraram em um lado do primeiro andar e eu e Lori no lado oposto do segundo. Mais ou menos no meio desse tempo, nosso primeiro filho, Charlie, se juntou a nós.

Nessa época, eu e Cersei passamos por um longo período de tolerância frágil, mas nunca passamos a gostar um do outro. Rory parecia bem e, se era aquilo que ele queria, eu não daria pitaco. Nunca fiz muitas perguntas. E isso foi um erro imenso.

Porque, sentado diante de mim naquela cafeteria em Viena,

41

ele me contou três coisas importantes, uma atrás da outra, coisas que eu não sabia, mas deveria saber, porque era o melhor amigo dele.

Primeiro, ele e Cersei terminaram.

Talvez eu tenha aplaudido.

Então ele me contou que ficou bem mal por boa parte do tempo em que perdemos contato.

Parei de aplaudir.

E, por fim, veio a notícia que foi difícil de entender: Cersei também estava em Viena.

Os dois tinham uma pequena empresa de design juntos e aquela temporada europeia havia sido planejada antes do término. Mas Rory garantiu que a mudança tinha feito muito bem aos dois. Parecia um recomeço.

Ele me atualizou sobre os últimos eventos da sua vida dos quais eu não tinha participado, um ano inteiro que passei presumindo que estava tudo bem, porque é isso que você pensa quando não encontra uma pessoa. Mas nada estava bem.

Fui tomado pela culpa. Eu fora para Viena achando que Rory merecia um tapa por ser um amigo de merda. No fim das contas, quem merecia o tapa era eu.

Mas ele me disse que estava melhor agora e acreditei. Falei que estava irritado por ele não ter me contado nada daquilo antes, que ele devia ter me ligado nas noites difíceis.

É fácil falar isso na teoria, mas, na prática, as coisas se complicam. Não sei se eu teria ligado para ele se estivesse na mesma situação. Talvez porque nos distanciamos. Talvez porque homens aprendem que não devem demonstrar medo.

Fiquei em silêncio por um tempo antes de finalmente falar.

– Você não entende nada sobre si mesmo – disse.

Ele riu. Então deu uma risada dupla, um clássico de Rory, apesar de o som ser mais parecido com dois guinchos. Aí ele riu de novo, uma rodada real e profunda de guinchos que diziam valeu-eu-precisava-dessa. Foi hilário. Olha só pra gente tentando falar sério.

Ele disse que estava pronto para seguir em frente. Para voltar a ser o Rory de antes. Para voltar a sermos Billy e Rory. Para se divertir. Para acabar com aquela conversa de merda.

Perguntou-me onde eu estava hospedado e acabou que eu tinha alugado um apartamento do outro lado da praça onde ele estava com Cersei. Foi completamente aleatório, mas adoro quando essas porras acontecem. Parece um raio de sol pelo qual você passa os dedos.

Foi então que Rory enfiou a mão dentro da bolsa e anunciou que tinha chegado a hora dos nossos presentes de aniversário e que ele não podia ter encontrado nada melhor.

Fechei os olhos e, ao abri-los, deparei com Rory empunhando duas raquetes de pingue-pongue.

– A melhor coisa em Viena – anunciou ele – é que, por algum motivo, há mesas de pingue-pongue em todo canto.

◂▸

Nós andamos praticamente aos pulos pelas ruas de Viena enquanto Rory tentava achar o caminho para um parque específico, sem sucesso, e eu fazia minha primeira caminhada à luz do dia pela vizinhança, que brilhava com aquela pátina europeia maravilhosa que sempre parece nova aos olhos de um americano. Porém, diante da promessa daquele evento esportivo, deixei de me sentir como um turista curioso, tornando-me o participante de uma competição importante. A hora de conversar sobre dramalhões havia passado. Aquele garoto estava empolgado com o pingue-pongue.

Encontramos o portão do parque escondido atrás de algumas árvores e, lá dentro, uma bela mesa de pingue-pongue ocupava um canto, bem na frente de uma caixa de areia que abrigava crianças pequenas prestes a serem entretidas por provocações trocadas em um idioma estrangeiro. Isso começou imediatamente, assim que Rory revelou algo que eu nunca soube: ele se achava o fodão do pingue-pongue. E isso era impossível, porque o fodão do pingue-pongue sou *eu*.

Para minha surpresa, o babaca metido disputou ponto a ponto comigo, chegando a 21 e seguindo para o mata-mata, suando, rindo e xingando a cada saque perdido. Foi tão perfeito que parecia ensaiado. Talvez tenha sido a melhor partida de pingue-pongue da história e acabou com Rory ganhando em uma virada surpreendente. Não vou dar desculpas sobre ainda estar me acostumando com o fuso horário nem nada porque não vou me dignar a isso.

Passeamos pela cidade, visitamos catedrais, palácios, estátuas de Mozart e do rei com um queixo enorme que se ajoelhou e implorou a Deus para salvar seu povo da peste. Éramos apenas dois jovens aprontando e batendo papo – e foi superlegal. Rory explicou que os austríacos amam essa palavra: "super". É uma boa palavra. É sempre legal quando acrescentamos um super nas coisas. E tudo estava super por ali.

Então nos encontramos com Cersei em uma apresentação da sinfônica diante da Nationalbibliothek e o clima imediatamente ficou frio, chuvoso e desconfortável. Coloquei a culpa no *jet lag* e fui embora mais cedo.

Naquela noite, deitado na cama, no caderno que eu mantinha para fazer anotações sobre este trabalho, registrei a seguinte avaliação sobre meu relacionamento com Cersei: Não dá certo. Nunca deu. E não existe motivo para desperdiçar outro minuto provando isso.

Antes de cair no sono, esqueci de anotar que diabos eu poderia ou deveria fazer para solucionar essa questão.

◄◄ ►►

Eu e Rory nos encontrávamos para tomar café e jogar pingue-pongue em um parque novo todas as manhãs, alternando as vitórias, e então ele voltava para o apartamento e passava algumas horas trabalhando enquanto eu passeava pela cidade. Ele e Cersei tinham construído um bom negócio. Na verdade, ela era uma designer talentosa, o que significava que os dois tinham muito trabalho e viviam cansados por causa disso, o que não trazia tanta satisfação assim. No passado, seriam artistas *de verdade*. Agora ela passava os dias projetando cardápios de restaurante, e ele, criando "marcas" com os clientes.

Não era isso que pretendiam ser quando crescessem. Acontece. Eu ainda pretendo escrever o Grande Romance Americano. Mas nunca vou escrever o Grande Romance Americano. O legal de chegar à meia-idade é que você pode parar de fingir que as mentiras que conta para si mesmo não são mentiras.

Curiosamente, quando escrevi a matéria original, muita gente reclamou por um cara de 40 anos dizer que estava na meia-idade. Pode acreditar, esse não era o meu rótulo preferido, mas, se eu não estava na meia-idade, então estava em um limbo. Na verdade, algumas classificações dos estágios da vida afirmam que a fase do "jovem adulto" vai até os 40 e a "meia-idade" começa aos 45. Os anos entre 40 e 45 estão basicamente esquecidos. Então vou dar um nome a eles. Esses são os Anos Sinceros. É quando você finalmente se torna velho o suficiente para ser honesto. É quando você se cansa até das suas próprias lenga-lengas.

E Rory estava cansado de lenga-lengas. Quando ele escapava

delas, no fim de cada dia, sozinho naquele apartamento com Cersei, seus ombros precisavam de algumas cervejas para se soltarem. Ele se sentia livre e preso ao mesmo tempo. Hipotecas e empresas causam essa sensação em adultos responsáveis. Eu não sabia o que dizer a ele. Estava tudo embolado. Pedimos outra rodada. No dia seguinte, depois de vencê-lo no pingue-pongue, caminhei até o distrito Alsergrund em busca de conselhos.

⏪ ⏩

Cheguei ao número 19 da Berggasse, um tradicional prédio vienense, e uma escada em caracol me levou até o segundo andar, onde encontrei uma porta com a campainha etiquetada com "Prof. Dr. Freud".

Apertei o botão, esperando ser cumprimentado por uma recepcionista que me pediria para deitar desconfortavelmente em um sofá confortável para esperar o doutor aparecer com um termômetro de carne que enfiaria na minha alma. Nunca fui muito fã de Sigmund Freud, mesmo quando tive que entregar um trabalho memorável na faculdade que me fez perguntar: "Que história é essa que ele acabou de dizer sobre a minha mãe?"

No geral, fugi de Freud e de tudo freudiano desde então, mas estava em Viena e creio que tenha sido o Dr. Freud que disse que o acaso não existe, então paguei 12 euros para visitar o espaço que um dia foi seu consultório e o apartamento minúsculo que ele dividia com a esposa e os seis filhos. De brinde, o tour dá acesso aos pensamentos esquisitos que você tem ao ler citações esquisitas de Freud e ao olhar fotos dos potes onde ele guardava cocaína.

Será que Freud trabalhava com terapia de casal? Qual era sua opinião sobre amizades? Ou, na verdade, como eram os amigos dele? Nunca me aprofundei tanto na sua vida, mas imagino que ser amigo de Freud devia ser estranho. Dava para desabafar com ele? Ele fazia piadas? "Tudo em cima, Siggy?" Parando para pensar, entre os dez fatos que eu talvez saiba sobre Freud, um seria que sua amizade mais célebre, com seu protegido e possível amado Carl Jung, terminou em desastre. Milhões de palavras já foram escritas sobre o término desses dois gigantes intelectuais. Mas fiquei fascinado com as palavras do próprio Freud na carta em que corta relações com Jung, que encontrei reimpressa em um livro na loja do museu.

Freud era obcecado pelo tema da agressividade entre homens – que chamava de "hostilidade primária" – e nunca escondeu o fato de que tinha muito talento nessa área. Ele meio que assumia isso e sua carta de término foi um ataque bem hostil do nível o-problema-não-sou-eu-é-você, acusando Jung de não assumir as próprias neuroses. "Aquele que, apesar do comportamento irregular, continua gritando que é normal justifica a suspeita de que não enxerga a própria doença. Assim, proponho que nossa relação pessoal seja abandonada em sua totalidade."

Eita, cara. Devolvi o livro à prateleira, pensando que eu nunca mais queria saber das baboseiras de Freud, quando meu olhar bateu em uma tira flácida de plástico azul emborrachado caída ao lado de uma cesta pequena. Peguei-a, estiquei e li o rótulo, que a identificava como uma "régua psíquica". Não havia qualquer menção àquilo que ela deveria medir. Comprei a régua e caí fora daquele lugar.

⏪ ⏩

Na minha última noite em Viena, enquanto escurecia, venci a sétima partida contra Rory. Não quero me gabar, estou apenas citando fatos. Nosso embate final ocorreu em um parque urbano pequeno e legal, em um bairro do lado oposto ao nosso prédio na cidade, e fomos até lá porque queríamos jogar a final em um clube de tênis de mesa. Mas o clube acabou sendo um salão subterrâneo que fedia a suor, lotado de homens que berravam em alemão e usavam shorts curtos sem qualquer ironia, então batemos em retirada para o ar fresco de um parque próximo.

Depois de perder de lavada, Rory se convenceu de que estávamos no mesmo bairro onde ele tinha participado de uma brincadeira esquisita em um bar. Ele não conseguiu se lembrar do nome da brincadeira nem do bar, mas ficamos zanzando por uma eternidade até finalmente encontrarmos o lugar. O jogo se chamava martelada e envolvia erguer um martelo bem alto e tentar pregar um prego em um tronco o mais fundo possível. É bem mais difícil do que parece. Especialmente depois que os *schnapps* começam a rolar. O perdedor sempre paga a próxima rodada e descobri que não tenho talento natural para jogar martelada, então gastei meus últimos euros comprando doses de gasolina com gosto de canela.

Tivemos uma semana fantástica, porém, enquanto eu esperava pelo táxi que me levaria ao aeroporto no meio da madrugada, achei estranho deixar a situação daquele jeito. Eu entraria em um avião e Rory voltaria a ficar sozinho em um país estrangeiro com a principal fonte da sua infelicidade? Ainda faltavam algumas semanas para ele e Cersei voltarem para casa, mas aquilo parecia a definição de insanidade: ficar repetindo a mesma coisa várias vezes esperando um resultado diferente. Apesar de essa citação com frequência ser erroneamente atribuída a Albert Einstein, parece que ela surgiu em um panfleto dos Alcoólicos Anônimos da década de 1980. O que faz sentido: eles entendem dessas coisas.

O sol começou a nascer enquanto meu táxi seguia para o aeroporto e me permiti um momento de calma para apreciar tudo que conquistara ao longo da semana. Eu nunca tinha sido tão transparente nas minhas intenções sobre uma amizade. Atravessei um pedação do planeta para melhorar nossa situação. Isso fez diferença para nós dois. A gente estava bem. Bem mesmo. Fiz algo que os homens não deveriam fazer. Coloquei-me em uma situação vulnerável e fui recompensado. Minha antiga versão teria ficado em casa, fingindo não se importar, se contentando em dizer para Mark que Rory era um babaca. E essa pessoa teria um amigo a menos.

Eu estava pronto para continuar minha jornada. O segundo passo já havia começado e era o oposto de fingir indiferença. Na verdade, era difícil pensar em algo mais ridículo do que tentar reunir a galera para fazer uma reconstituição do melhor dia da nossa adolescência.

Quatro

Uma semana depois de voltar de Viena, eu estava sentado sozinho em uma cadeira de praia diante de um campo de softbol, às 9h54 da manhã de uma sexta, me cagando de medo. Abri uma cerveja, olhei para o céu e prometi para qualquer um que pudesse estar ouvindo que me comportaria de agora em diante.

Olhei de novo para o estacionamento, torcendo, implorando, já com tanta vergonha que estava com vontade de vomitar. Servi a cerveja em um copo de plástico vermelho, a pior camuflagem do mundo, só para me ocupar com alguma coisa enquanto me esforçava para parecer despreocupado e tranquilo. Ainda era cedo. Eu havia marcado às 10 horas. Ninguém ousaria chegar no horário em ponto, né?

Às 10h01, eu estava pronto para vomitar. Se queria voltar para a época da escola, realizara meu desejo, porque meu corpo estava tomado pelo desconforto e pela insegurança. *Que ideia tinha sido aquela?* Bem, vou explicar *qual* foi a ideia na época em que achei que era boa. Quem estou querendo enganar, achei que a ideia fosse um golpe de gênio ultramegablasterbrilhante. Mas isso parecia ter acontecido há uma eternidade. Agora eu estava plenamente convencido de que tinha sido uma péssima ideia. Uma das minhas piores, e olha que a competição era acirrada.

Então o que pensei foi que estava com saudade dos meus amigos da escola, o que era patético. E não estou falando das pessoas com quem mantinha contato (mesmo que a gente não se visse com frequência). Eu queria rever todo mundo. A galera inteira. Escuta, sei que muita gente tem *flashbacks* horríveis só de pensar no ensino médio, mas tenho lembranças boas daqueles anos. Ou talvez só tenha bloqueado todas as fases dolorosamente esquisitas pelas quais o cérebro e o corpo passam durante essa época.

De toda forma, essa jornada em busca da amizade me fizera pensar nos meus colegas de escola. No fundo, eu sentia uma vontade estranha de me aproximar de pessoas que conheceram minha versão antiga, minha versão estendida, a versão que não precisava fingir que me tornara uma pessoa completamente diferente agora que sou adulto, porque elas sabiam que eu era um caso perdido na adolescência. Elas sabem das minhas merdas. E eu sei das delas. É difícil botar banca quando as pessoas ficam dizendo: "Lembra daquela vez que as garotas amarraram você numa das barras do ônibus e foram embora?"

Em estudos, quando as pessoas são questionadas sobre seu "melhor amigo", costumam escolher alguém da infância ou do ensino médio. Elas fazem isso mesmo se raramente encontram a tal pessoa ou se são muito mais próximas de amigos novos. Existe um motivo: é legal poder dizer "A gente se conhece há séculos". Sinto que ainda sou muito amigo das garotas que me amarraram no ônibus, apesar de não nos vermos há anos. Elas me conhecem melhor do que as pessoas que se sentam ao meu lado na redação e me veem diariamente. E parecia importante baixar minha guarda naquele momento, para voltar no tempo e deixar claro que ainda queria ser amigo do pessoal que conheci na fase da vida em que nunca baixamos a guarda e nunca dizemos esse tipo de coisa. Se eu quisesse consertar meu problema com amizades, meus instintos me diziam para começar pelo básico e ver o que acontecia.

Foi assim que cheguei àquele momento de constrangimento escolar fora de época, sentado sozinho no parque, como se ninguém quisesse passar o recreio comigo. E fui parar ali depois de fazer uma pergunta ridícula a mim mesmo: se eu pudesse reviver um dia do ensino médio, uma sensação de união juvenil em que todos nos sentíamos conspirando contra o mundo dos adultos, qual escolheria? A resposta era óbvia: o dia em que a turma do último ano matou aula.

Tenho quase certeza de que toda turma do último ano mata um dia inteiro de aula ou pelo menos tenta fazer isso. É um ato institucionalizado de rebelião falsa e ninguém se sente mais rebelde do que um aluno do último ano do ensino médio, especialmente no fim do período letivo, quando você acha que a escola não pode fazer mais nada para puni-lo. Todo mundo acredita que seus amigos do último ano da escola são o grupo mais originalmente rebelde da história adolescente. É só quando ficamos mais velhos que entendemos que os adultos já viram isso acontecer um milhão de vezes e não se importam. Em vez disso, eles se fazem de rígidos para oferecer o aspecto essencial da rebelião: algo contra o qual se rebelar. Ninguém fica mais ansioso pelo fim do ano letivo do que um professor. Você já viu um professor durante a primeira semana das férias de verão? É a pessoa mais feliz na porra do planeta.

Na vida adulta, é difícil recuperar a sensação despreocupada e boba de um grupo de falsos rebeldes, mas eu estava convencido de que tinha encontrado a solução. Então, na véspera da minha ida a Viena, já sentindo o clima otimista que acompanha a decisão de se mostrar vulnerável, me perguntei "Qual é a pior coisa que poderia acontecer?" e abri a página do Facebook da minha turma do ensino médio. Depois de respirar fundo umas 87 vezes e andar de um lado para outro do quarto, finalmente sentei e fui com tudo.

"O Dia de Matar Aula dos formandos de 1993 voltou! Daisy Field. Sexta-feira, 19 de maio, 10 da manhã. Sim, é uma sexta. A ideia é essa. Você precisa matar aula. Lembra como era bom simplesmente ligar o FODA-SE e matar aula?" Escrevi "FODA-SE" em letras maiúsculas mesmo. Ridículo.

A postagem foi lida por 144 pessoas, quase metade da turma. Algumas comentaram. Outras apertaram "curtir". Havia muitos "Acho que vai rolar". E, no fim das contas, eu não tinha a menor ideia se alguém apareceria.

Às 10h08, abri outra cerveja. Não havia qualquer sinal de atividade no estacionamento. Toda pessoa que passava com o cachorro ou correndo me animava e depois me jogava na fossa. Fiquei um tempo escrevendo no meu caderno, só para fingir que estava fazendo alguma coisa além de entrar em pânico, e registrei que o clima estava perfeito. Até então, o mês de maio na Nova Inglaterra estava mais parecido com novembro, mas, naquele dia, fazia 25ºC, os pássaros cantavam, as flores desabrochavam e eu sentia aquela amnésia da primavera que é necessária para sobreviver em um lugar que passa boa parte do ano coberto de gelo. "Hoje é um daqueles dias em que ninguém quer ficar no escritório", escrevi, otimista, porque não havia mais nada para escrever. "Hoje é um dia que pede para você matar aula."

10h15. Nada. Mudar é doloroso, né?

10h21. Analisando o horizonte em busca de um prédio de onde pular.

10h25. Espera um pouco. Alguém atravessava o campo e vinha na minha direção. Tentei não ficar animado demais, mas seu passo me chamou a atenção. A pessoa parecia sem graça e nervosa, como se tentasse lembrar como andar normalmente. Tentei me comportar de um jeito tranquilo, apesar de ter esquecido como posicionar minhas mãos, então deixei essa ideia de lado e apertei os olhos até uma mulher alta e ruiva entrar em foco. É a...? Sim. Sim, é. Pulei da cadeira e dei um abraço entusiasmado demais naquela garota que nunca foi muito próxima de mim na escola, mas que, naquele momento, era minha Melhor Amiga no Mundo. Trocamos os comentários nervosos de praxe – "Que bom te ver." "Você está ótima." "O que você anda fazendo?" – e então outra pessoa atravessou o campo, depois mais uma e mais outra. Juro que elas deviam estar escondidas nos arbustos, sem querer dar o primeiro passo. Não demorou muito para formarmos uma multidão. Depois que a poeira baixou, todos os cumprimentos foram trocados e a energia nervosa saiu de mim, duas dúzias de adultos responsáveis, incluindo dois que deveriam estar dando aula naquele exato momento, resolveram ligar o FODA-SE, matar o trabalho e tomar umas cervejas no parque em que costumávamos passar nosso tempo livre.

O mais especial era que cada pessoa ali estava disposta a se mostrar vulnerável, a atravessar aquele campo e anunciar que também queria passar por aquela experiência. Elas anunciaram para o mundo: "Que saudade!" Demonstraram desejo, algo que parecia cada vez mais simples e importante naquela aventura. Estudos mostram que gostamos mais das pessoas se sabemos que elas gostam da gente. Matar um dia inteiro de vida para estar com seus amigos de escola é uma prova de que esses relacionamentos ainda são importantes para a sua história, talvez até para o seu presente.

Depois que quebramos o gelo, o nervosismo passou e o dia entrou no clima certo. Algumas pessoas mencionaram minha matéria.

– Nós somos as pessoas que sabemos que você era *mesmo*

um fracassado que passava o recreio sozinho – disse uma das mulheres.

Ohhhhh. Eu realmente estava com saudade.

<< >>

Esqueci de contar o que aconteceu na véspera do Dia de Matar Aula. Você não vai acreditar nessa porra.

Eu estava parado diante do banco de reservas em um campo de beisebol de escola, cercado por uma multidão de meninos de 7 e 8 anos de idade, todos fazendo exigências com guinchos agudos:

– Posso arremessar?
– Quero ser o apanhador.
– Você disse que eu podia arremessar!
– Se eu acertar a bola, posso comemorar dançando?

Essas seriam as últimas palavras que eu escutaria em estéreo.

De algum jeito, acabei virando treinador do time de beisebol do meu filho Charlie, uma oferta que aceitei apenas para proteger as crianças dos adultos que adoram estragar esportes infantis. Mas não imaginei que tentar manter todo mundo calmo acabaria com toda a minha calma. E, naquele momento, nervoso e cercado por crianças escandalosas, escutei um estalo no meu ouvido direito.

Não fiquei muito preocupado. Achei que um pedaço de cera havia se prendido lá – porque eu não conseguia escutar mais nada – e voltei a gritar com as crianças em uma tentativa de impedir que outros adultos gritassem com elas. Quando a partida acabou, fui até a farmácia e comprei um remédio para dissolver cera de ouvido, que não fez diferença alguma, mas não esquentei com aquilo porque o dia seguinte seria o do encontro para matar aula. Falei a mim mesmo que devia ser apenas uma infecção e passei boa parte do reencontro com o pessoal da escola pedindo às pessoas que repetissem o que tinham acabado de dizer, porque eu estava com algum problema no ouvido.

Os dois primeiros médicos com quem me consultei concordaram que devia ser uma infecção. Eles estavam enganados. Quando finalmente procurei um especialista – duas semanas depois, após os tratamentos para a infecção não resolverem nada –, ele passou cerca de meio segundo analisando meu ouvido antes de me informar que o problema era outro. Então anotou algo em um pedaço de papel e me entregou.

– Acho que você tem isso aí – disse ele enquanto eu olhava para o papel.

Havia apenas duas palavras na página, escritas em um linguajar surpreendentemente simples para um diagnóstico médico: "Surdez súbita".

O médico então sentou diante de mim e disse:

– Você é jornalista. Pode me fazer perguntas agora.

– Vou recuperar a audição?

– Estou otimista – respondeu ele em um tom pouquíssimo otimista, e começou a me perguntar como estavam as coisas no *The Boston Globe*, como se não passássemos de dois caras sentados no bar batendo papo sobre o futuro do jornalismo impresso.

Aquele sujeito tinha mesmo acabado de dizer que meu ouvido direito estava permanentemente surdo? Isso é possível? Você pode perder a audição em um segundo?

Depois de vários outros especialistas e de injeções dolorosas direto no tímpano, além de um mês inteiro em que passei duas horas por dia em uma câmara hiperbárica, em uma última tentativa de salvar um pouco da minha audição, descobri que a resposta era sim. Sim, você pode ficar surdo em um segundo. E isso aconteceu comigo.

A parte engraçada é que, pouco antes de tudo acontecer, eu

lera uma matéria na revista *The New Yorker* sobre a prevalência da perda auditiva nos Estados Unidos – pelo visto, 37 milhões de adultos sofrem de alguma forma de surdez. Uma informação que chamou minha atenção, por motivos óbvios, foi que "a perda auditiva pode levar ao isolamento social", fazendo com que o envelhecimento "pareça pior do que já é".

Eu havia separado o assunto da surdez na seção "Coisas para pesquisar" do meu cérebro, junto com os neurônios que serviam para me lembrar de analisar todos os obstáculos sociais que americanos idosos encontram numa epidemia de solidão. Esses arquivos ficavam escondidos por trás de assuntos mais urgentes, como descobrir uma forma de manter amizades. Porém, em um instante, cercado por crianças entusiasmadas que berravam comigo em um campo de beisebol, pulei duas gerações da minha vida.

Perder a audição é um saco. Digo isso com propriedade. É verdade: várias coisas muito, muito piores podem acontecer com você em um instante. Não é câncer. Mas é uma fonte constante de irritação e frustração. Restaurantes são um pesadelo. Teatro. Academias. Casas de espetáculos. Na verdade, qualquer lugar onde pessoas se reúnem. Se eu não conseguisse me posicionar de um jeito que o mundo inteiro ficasse do meu lado direito, entrava em um pesadelo auditivo que rapidamente fazia meu nível de irritação alcançar o grau 11 da escala. Eu vivia pedindo às pessoas que repetissem. E, para ser sincero, entrei em um estado de melancolia constante enquanto assimilava que o problema seria permanente. O que me salvou foi a ideia caprichosa de que aquilo era um desafio imposto pelos deuses, um obstáculo social justo para o babaca que tinha acabado de declarar que seria o herói de suas amizades.

Se o universo queria jogar problemas de gente velha em cima de mim, então seria interessante buscar soluções de gente velha.

◀◀ ▶▶

Na minha primeira "Quarta à Noite" com Mark e Rory, entramos no carro e imediatamente voltamos a ser adolescentes.
– Aonde vocês querem ir?
– Sei lá. Aonde você quer ir?
Essa conversa se repetiu comicamente por um longo tempo, os três passeando de carro sem rumo, apenas batendo papo, como era o plano. Mas ainda sentíamos que devíamos fazer alguma coisa de verdade, então acabamos parando em um shopping mais ou menos novo nos limites da cidade porque o estacionamento era gratuito e nós somos velhos.

Não que eu quisesse que alguma coisa específica acontecesse na primeira "Quarta à Noite" – era o oposto. Fazia apenas alguns dias desde que eu tinha recebido o diagnóstico de surdez, que ainda estava digerindo; eu realmente precisava que mais nada acontecesse. Algumas horas de nada.

Mark achou que eu precisava de alguém me enchendo o saco.

Fomos jantar e Mark imediatamente pediu desculpas à garçonete por seu amigo surdo. Ele pediu a ela que gritasse os pratos do dia para mim. Rory, recém-chegado de Viena, fingiu usar língua de sinais. Mais desculpas pelo amigo surdo vieram. Mark disse à garçonete que ele nunca gostara muito de mim.

◀◀ ▶▶

O shopping se tornou um marco da "Quarta à Noite". Isso virou motivo de piada. Às vezes fazíamos loucuras tipo jogar boliche, ir ao cinema ou tomar sorvete. O shopping tem todas essas coisas!

Não demorou muito para o esquema ir por água abaixo. A

vontade de nos encontrarmos existia mais forte do que nunca. Aquelas noites bobas de saída com os amigos só para passarmos tempo juntos eram maravilhosas. Mas, em pouco tempo, dedicar outra quarta-feira ao shopping não era um compromisso forte o suficiente para impedir as intrusões da vida. As crianças tinham partidas de esportes. Coisas do trabalho precisavam ser resolvidas. Et cetera. Et cetera. Conversamos sobre encontrar uma atividade de verdade. Até visitamos o clube de tênis de mesa local antes de percebermos que aquele pessoal levava o jogo mais a sério do que estávamos dispostos, então fomos embora sem nem tocarmos em uma raquete e seguimos para o nosso shopping, como o chamávamos.

Após cerca de dois meses, a "Quarta à Noite" praticamente chegou ao fim. Era nítido que valorizávamos nossa amizade mais do que nunca, porém fracassamos na primeira tentativa de colocar isso em prática. Negligenciamos a regra básica da amizade masculina. A vontade criava um ímpeto, mas faltava uma atividade para nos unir. E, por mais louco que pareça, eu não tinha a menor ideia do que deveríamos fazer.

◀▶

Passei minhas quartas sozinho por um tempo, lendo sobre questões básicas que queria entender sobre amizade, charadas que precisavam ser respondidas para eu conseguir encontrar uma solução consistente. Tipo, para começar, por que precisamos de amigos? Se conseguimos sobreviver sem eles, por que os desejamos?

"A agricultura e depois a indústria mudaram duas coisas básicas sobre a experiência humana", afirma Sebastian Junger em *Tribe* (Tribo), que é uma defesa da vida tribal. "O acúmulo de propriedade pessoal permitiu que as pessoas tomassem decisões cada vez mais individualistas sobre suas vidas e essas escolhas inevitavelmente diminuíram tentativas comunitárias em prol do bem comum. Conforme a sociedade se modernizou, as pessoas se viram capazes de viver separadas de grupos. Uma pessoa que vive em uma cidade moderna ou em cidades-satélites pode, pela primeira vez na história, passar um dia inteiro – ou uma vida inteira – se relacionando apenas com completos desconhecidos. Ela pode estar cercada por outras pessoas e se sentir profunda e perigosamente sozinha."

John Cacioppo, o falecido especialista sobre solidão da Universidade de Chicago, falava frequentemente sobre como a falta de convívio social causa dor física, como fome ou sede, e que era a *sensação* de solidão que fazia tão mal ao corpo. Então isso torna a amizade uma necessidade básica, como comida e água? E, se tornar, por quê?

Em 1943 o psicólogo americano Abraham Maslow publicou sua famosa teoria sobre as motivações dos seres humanos. Ele montou uma pirâmide, chamada de "hierarquia de necessidades de Maslow", posicionando na base o termo "fisiológicas" para descrever as carências mais básicas, como comida, água, abrigo, sono e sexo. Logo acima vem segurança e então "pertencimento e amor" (algumas vezes chamada de "necessidades sociais"), seguidos por estima. Começando pela base, um indivíduo precisa satisfazer boa parte das quatro camadas básicas, que Maslow chamou de "necessidades deficitárias", para não correr o risco de sofrer de ansiedade interior e tensão. Se os níveis primários não forem satisfeitos, uma pessoa se sentirá desmotivada e sem o ímpeto de buscar as carências superiores no topo da pirâmide, o quinto nível, que Maslow chamou de "autorrealização".

Porém, se comida, água e abrigo foram providenciados, provavelmente junto com televisão por assinatura e internet, por que ainda precisamos de outras coisas para alcançar a autorrealização e desligar o burburinho da ansiedade e do estresse?

E de quantos amigos precisamos? Existem ditados antigos que dizem que um amigo vale mais que um tesouro, mas todos os estudos que encontro sobre os benefícios desse suplemento mágico para a saúde e a felicidade são mais focados em círculos sociais robustos. Quantas amizades somos capazes de manter de verdade enquanto lidamos com limitações de tempo, de capacidade mental e a busca por sapatos?

Além disso, já que estou neste assunto, por que as mulheres são supostamente melhores nesse tipo de coisa?

Essas perguntas mexiam comigo. E eu ficava ainda mais mexido com o fato de todas parecerem levar à mesma fonte. A resposta estava nos quadris.

Cinco

No convés superior de um navio de cruzeiro, eu olhava para o palco montado ao lado da piscina, que estava cercado por 3 mil mulheres, ex-adolescentes que pareciam vibrar como uma colmeia. Tínhamos acabado de zarpar do porto de Nova Orleans e, conforme descíamos pelo rio Mississippi, eu me esforçava ao máximo para me conformar e aceitar aquela que já parecia ter sido uma das minhas piores ideias. Foi então que uma australiana chamada Jo veio marchando até mim.

Ela estava com um grupinho de mulheres parado a uns 4 metros à minha esquerda e dava para perceber que falavam sobre mim. Se eu fosse elas, faria a mesma coisa.

Jo se aproximou, me analisou de cima a baixo e lançou uma pergunta a que eu provavelmente teria que responder mais algumas vezes nos próximos quatro dias.

– Por que você está aqui? – quis saber ela.

Seu tom era mais curioso do que desconfiado e fiquei grato por isso, porque havia uma infinidade de formas de interpretar o fato óbvio de que eu não me encaixava no público-alvo do cruzeiro dos New Kids on the Block.

Por que *eu* estava ali? A resposta mais rápida era que desejava vivenciar uma Viagem de Garotas, que talvez seja a atividade mais valorizada nas amizades norte-americanas contemporâneas. Mas minha ambição antropológica tinha um problema bem básico: a presença de um cara em uma Viagem de Garotas destruía a santidade do evento. A única maneira de aquilo dar certo seria se eu fosse invisível. O que parecia impossível até eu descobrir que os New Kids on the Block faziam um cruzeiro anual.

Essa descoberta pareceu ser uma falha na matrix, uma oportunidade de vivenciar centenas de Viagens de Garotas juntas com risco mínimo de contaminação, porque eu não era um New Kid on the Block, então elas estariam cagando para mim. Pouco tempo antes, eu fora a um show deles no Fenway Park e não me senti tão invisível para as mulheres desde os meus 15 anos. Foi incrível. Elas até tomaram conta do banheiro masculino, como um exército em guerra e, quando a fila para as cabines ficou grande demais, observei uma mulher dar marcha a ré feito um caminhão e solucionar de uma vez por todas a pergunta: Mulheres conseguem fazer xixi em um mictório? Ela nitidamente não se importava com a minha presença, porque eu não fazia diferença. Era como se nem estivesse lá. Os únicos caras que importavam se chamavam Jordan, Joey, Donnie, Danny e Jon.

◀◀ ▶▶

Este parece ser um bom momento para parar e fazer uma análise da história da evolução humana. Ela abrange milhões de anos e não vou fingir que entendo todos os detalhes sobre como um macaco em uma árvore se transformou no ser humano moderno que reclama do tamanho dos banheiros de aviões.

Em vez disso, quero focar em um problema criado por duas das nossas maiores "vantagens" evolucionárias: o "bipedismo" e o "cerebrograndismo".

O bipedismo foi um ótimo avanço, porque caminhar sobre dois pés liberava as mãos para propósitos importantes, como mandar mensagens de texto enquanto dirigimos. E a postura ereta erguia nossos olhos a uma altura que oferecia uma visão melhor de todas as coisas na grama que desejavam loucamente matar as criaturas fracotes que tinham acabado de abandonar a segurança das árvores.

O cérebro grande tem um valor mais questionável quando paramos para pensar por um segundinho e analisamos tudo que fizemos com ele, mas essa conversa fica para outro dia. Agora quero discutir algo inquestionável: o problema de distribuição de peso criado por aquele crânio desproporcionalmente pesado em cima de uma criatura recém-ereta.

Para apoiar o transporte bípede do cérebro grande, a estrutura do corpo precisou evoluir para baixar seu centro de gravidade. Para isso, a pélvis se estreitou. E estaria tudo ótimo se não fosse por um pequeno problema, isto é, o momento em que uma daquelas cabeças cada vez maiores precisasse passar por quadris cada vez menores durante o parto. É por isso que os seres humanos têm muito mais complicações no nascimento do que outros primatas.

Para solucionar esse problema, as mulheres se adaptaram para dar à luz mais cedo, quando a cabeça do bebê é menor. Essa data de parto adiantada melhora as chances de sobrevivência da mãe e da criança, mas significa que os bebês humanos nascem prematuros em comparação com outros animais, completamente indefesos e incapazes de sobreviver por conta própria, com sistemas vitais ainda em desenvolvimento. Eles passam anos sendo inúteis. Alguns continuam morando com os pais depois de completar 30 anos.

Para nossas ancestrais fêmeas, o parto era apenas o primeiro passo para passar seus genes adiante, que é o objetivo evolucionário real de qualquer organismo. Mas, para garantir que sua prole sobrevivesse por tempo suficiente para gerar a própria prole, as mulheres também precisavam de um círculo social forte. A formação de laços com os outros se tornou essencial para a sobrevivência, um comportamento que melhoraria a frequência com que os genes das mulheres seriam passados para gerações futuras.

Essa também é a história de por que temos amigos.

Vamos imaginar que você seja uma mulher primitiva tentando criar um recém-nascido naquele mundo cruel antes dos blogs de maternidade. Você vai precisar de uma rede de apoio para os dias em que manter a criança viva for um trabalho em tempo integral, mas isso não deve ser problema, porque você provavelmente já passou boa parte dos seus dias colaborando com a coleta e o preparo da comida. Todo mundo sabe como é divertido cozinhar com os amigos. E pesquisas modernas sobre tribos de caçadores-coletores mostram que os métodos de busca de alimentos mais precisos e eficientes exigem grupos grandes e comunicativos de indivíduos socialmente conectados.

Em resumo, habilidades sociais eram uma necessidade biológica para as mulheres.

Enquanto isso, os homens estavam caçando por aí, uma atividade que exige bastante silêncio.

A troca de favores, o toma lá dá cá dos relacionamentos que cientistas chamam de altruísmo recíproco, foi considerada a base das amizades por muito tempo. Contudo, pesquisas recentes revelaram que nos importamos menos em sermos "justos" com nossos amigos do que quando lidamos com desconhecidos ou colegas. Em uma amizade, a insistência constante de uma pessoa em recompensar favores é encarada como um sinal de fraqueza na relação. A amizade é algo que vai além dessa troca. Em um estudo, duplas de amigos e duplas de desconhecidos receberam uma tarefa e foram informadas de que as recompensas seriam divididas de acordo com a contribuição de cada um. Os desconhecidos usaram canetas de cores diferentes para facilitar o monitoramento. Os amigos simplesmente concordaram em dividir o prêmio. Na lista de características exclusivas do *Homo sapiens*, o altruísmo e a abnegação estão perto do topo quando se trata daquilo que nos torna humanos.

Isso nos leva à hipótese das alianças, desenvolvida por Peter DeScioli e Robert Kurzban, que defende que a amizade consiste em montar uma equipe para enfrentar potenciais conflitos, pelo menos em parte. Todos os nossos ancestrais sobreviveram por tempo suficiente para reproduzir um filho e foram bem-sucedidos em todas as fases da história humana, invictos, ou você não estaria aqui agora. Você vem da linhagem de uma galera durona. Mas, agora que a sobrevivência básica se tornou infinitamente mais fácil, os homens encaram um grande desafio evolucionário: o que fazer com aquele trecho comprido no nosso código genético que impulsiona agressão e competição? O que fazer com essas substâncias químicas no restante do tempo, ainda mais depois que encontramos uma parceira e cumprimos nossa principal obrigação com nossos genes?

Então eu pergunto: você já viu um grupo de caras prendendo alguma coisa no topo de um carro? Do nada, todo mundo vira especialista em aerodinâmica e na capacidade de resistência de nós em cordas.

Você já viu um grupo de caras ao redor de uma fogueira quando alguém se levanta para colocar mais lenha? Bem, posso garantir que essa pessoa vai colocar a lenha do jeito errado. Um homem machão de verdade vai até insistir que a fogueira nem precisava de lenha por enquanto.

Você já conheceu um cara com um aperto de mão firme demais? Que faz tanto contato visual que nem pisca? Recentemente, conheci outro pai em uma partida das crianças e o babaca quase quebrou todos os oito ossos carpais da minha mão. *Que prazer conhecer você. Nunca mais quero te ver.*

O aperto de mão firme demais é o exemplo clássico do "homem machão", que é uma espécie muito mais tóxica do que o "homem macho". Enquanto o machão acredita que outros homens são competição, o macho os encara como companheiros. Ninguém se enquadra o tempo todo em uma das classificações e a posição das nossas ações nesse espectro costuma ser avaliada de acordo com as companhias do momento ou as situações.

Certa vez, ajudei a organizar uma "Noite dos Caras" na minha academia, que foi inspirada na "Noite das Mulheres" que acontecia toda segunda-feira, quando elas iam jantar em um restaurante mexicano depois do treino. Nosso plano era comer asinhas de frango, tomar algumas cervejas e jogar boliche. Uma dúzia de caras apareceu e tudo ia bem até um "machão" resolver que boliche era chato e anunciar que devíamos ir a um clube de *strip*. Ninguém se interessou pela ideia, mas o sujeito ficou insistindo sem parar. Não demorou muito para a pressão fazer efeito e todo mundo entrar nos carros, nitidamente sem vontade alguma, topando apenas para provar sua masculinidade.

Eu fiquei parado na calçada, observando o grupo ir embora. Minha época de ir a clubes de *strip* ficara para trás. Acho que não sou machão. (Curiosamente, nunca mais marcamos outra "Noite dos Caras".)

Sabe qual é a parte mais ridícula de botar banca de "machão"? É que não passa disso: de uma banca, um fingimento, uma tentativa de se comportar de acordo com um personagem fictício, o "homem de verdade", o "homem viril". E esse sujeito é quase sempre retratado como um lobo solitário, um "homem que enfrenta o mundo". A realidade é que nunca existiram lobos solitários bem-sucedidos na história da evolução social. Sobreviver por conta própria é difícil e inútil. A sobrevivência sempre foi conquistada em grupo.

Tento ser um cara legal. Mas estaria mentindo se não admitisse que posso me transformar na caricatura do "machão" em um instante. É uma forma de racionalizar a agressão, por mais leve que seja. Assim como a maioria dos homens que chegaram aos Anos Sinceros, já passei da fase em que a agressão fazia parte da rotina.

Isso não quer dizer que não exista mais competição. Não dá para se livrar dessa porra, mas, com a minha idade, ela passou para o campo das ideias. Quando não consegue oferecer uma ideia melhor, o "machão" simplesmente ridiculariza a ideia apresentada. Já resmunguei as palavras "A fogueira ainda não precisava de mais lenha". É exaustivo manter essa fachada, sempre se policiando, sempre protegendo algum ideal, sempre exigindo obediência a um código invisível e desnecessário. Menosprezar a alegria e a união dá trabalho demais.

Enquanto um "machão" se comunica através de críticas, o "macho" usa o idioma da implicância, que são elogios disfarçados de críticas. É uma alternativa segura, ainda máscula, e, apesar de eu não saber o número preciso de quantas interações importantes na minha vida ocorrem na forma de implicância, imagino que seja alto. Isso parece horrível, mas tenho bastante orgulho desse fato, porque só somos implicantes com amigos. Em qualquer outra situação, nossos comentários se tornam críticas de verdade. Quando um camarada implica com a maneira como o outro amarrou um sofá no teto do carro, sempre é por amor.

Eu cresci em South Boston, na velha Southie, um lugar que

não existe mais e quase parece fictício, porque Hollywood fez filmes pra cacete sobre lá. Porém Southie era real e ainda mais estranha do que a versão cinematográfica; naquela realidade alternativa, eu vagava pelo bairro e me divertia no pátio da escola com uma matilha que facilmente alcançava 50 ou 60 adolescentes. Na matilha, a ordem era a sobrevivência do mais forte – se você não estivesse implicando com os outros, eles estavam implicando com você. Então me tornei mais do que proficiente em me defender ou atacar com uma espada verbal. Eu conseguia me impor a quase todo mundo, mas havia um cara no meu grupo que chamávamos de Stubba e fazia você desejar nunca ter nascido. Ele ainda me esculhamba sempre que nos encontramos, o que geralmente envolve fazer piadas sobre a minha mãe, mas é ótimo, porque significa que continuamos amigos.

No fundo, as provocações são um tipo de humor amigável e isso tem uma importância vital. Porque o riso, a dança e a música são três coisas que só os seres humanos têm. Acredita-se que eles surgiram antes mesmo da linguagem e que são métodos incrivelmente rápidos para alcançar a "catação" social, como chamam os cientistas. Você consegue compartilhar uma onda de endorfina com várias pessoas ao mesmo tempo em vez de individualmente, como ocorre com o toque físico. Nossos grupos sociais são bem maiores do que os de outros primatas e temos coisas demais para fazer e gente demais para visitar, então não sobra tempo para ficarmos penteando os cabelos uns dos outros como eles fazem.

Para os homens, provocações e risadas são recursos para acessar a intimidade da sinceridade emocional e manter uma distância segura. Elas também podem ser uma forma prática, ainda que um tanto discreta, de tocar em assuntos que mulheres hesitam mencionar diretamente. Um estudo de referência sobre "coerência conversacional" analisou duplas de amigos do mesmo gênero com idades variadas, da primeira série do ensino fundamental até jovens adultos. Os amigos conversavam sentados em cadeiras e foram avaliados segundo seu alinhamento físico e a coesão dos assuntos. As meninas e mulheres se mostraram "mais fisicamente paradas, mais recolhidas no espaço que ocupam, mais diretamente alinhadas umas com as outras através de proximidade física, toques ocasionais, postura corporal e troca de olhares", escreveu Deborah Tannen, a autora do estudo.

Os meninos fizeram basicamente o oposto. Enquanto as meninas se encaravam e se concentravam nas preocupações de uma delas, os meninos se sentavam em paralelo e tinham preocupações paralelas. Eles só se encostavam como uma agressão brincalhona.

Mas isso não quer dizer que os homens estivessem menos interessados. As meninas gostavam de fofocar sobre os outros. Todo mundo sabe que seres humanos se conectam quando desgostam de uma pessoa em comum. Admita: não há nada como aquele ar conspiratório empolgante quando alguém olha discretamente ao redor para garantir que a barra está limpa antes de começar a descascar outra pessoa.

No entanto, quando os garotos do experimento queriam dizer algo sobre alguém, eles geralmente "se dirigiam ao amigo que estava presente". Nesse sentido, segundo Tannen, eles eram mais diretos. Porém fico me perguntando quanto disso era feito por trás da segurança da implicância.

Tenho um motivo para falar sobre isso tudo, que envolve a implicância como uma válvula de escape para a agressão masculina e o motivo para eu estar no cruzeiro dos New Kids on the Block. E que remete àquelas três grandes ferramentas usadas pelos seres humanos para a catação social grupal: o riso, a dança e a música.

A implicância, no entanto, contém um defeito fundamental, que faz um mal imensurável à mente masculina e basicamente eliminou a dança e a música como potenciais fontes de conexão.

O uso da expressão "Que gaaay".

É uma forma de se autopoliciar, como uma senha escrota berrada quando algum comportamento se torna um pouco mais íntimo ou carinhoso. Na verdade, qualquer coisa que pareça "feminina". E a lista é longa.

Ela não é usada para descrever uma atração romântica por outro homem – apesar de insinuar essa ideia de um jeito imperdoável –, mas para reforçar aquilo que Niobe Way, professora de psicologia da Universidade de Nova York, chama de "crise de conexão" entre os homens. Nós temos tanto medo de ser chamados de gaaay por criarmos conexões "femininas" que sacrificamos a intimidade em favor de provocações bobas.

É uma desconexão enorme, que talvez seja a raiz das dificuldades da amizade masculina moderna. E, ao contrário de muitas coisas "de homem", esse problema não é culpa da genética. É cultural. É aprendido.

Quando eu era mais novo, cantar e dançar eram dois itens que certamente pertenciam à lista das meninas, que era a lista "gay", o que significava que os New Kids on the Block eram muito gays e a coisa mais gay que um garoto podia fazer era admitir que gostava de ouvir as músicas deles.

Então, por que eu estou no cruzeiro, Jo? É difícil dar uma resposta definitiva. Eu precisava juntar as peças.

⏪ ⏩

É claro que não disse nada disso para a moça australiana que veio falar comigo no convés superior do navio do cruzeiro. Ela já estava desconfiada o suficiente e, se eu tivesse dito que estava ali por causa do tamanho dos quadris das mulheres, talvez ela chamasse a Guarda Costeira. Em vez disso, ofereci uma resposta que também era verdadeira: eu estava lá para escrever uma matéria sobre o resistente culto das fãs dos New Kids on the Block. Convenci um editor de que aquela seria uma boa história porque quase com certeza seria mesmo; a situação toda era bem bacana, se você parar para pensar sobre permanecer apegado a uma paixonite adolescente até a meia-idade.

Mas o principal motivo para eu querer escrever a matéria era o acesso àquele laboratório imenso de mulheres socializando longe de olhares masculinos, para que eu pudesse analisá-las como os chimpanzés de Jane Goodall. Contudo, enquanto observava o enxame barulhento de mulheres esperando a banda surgir no palco, eu já tinha começado a me perguntar se realmente seria possível observar algum comportamento feminino que nunca tivesse visto antes. Não estou dizendo que sou especialista em mulheres, mas também não sou inexperiente.

– Você mal sabe o que o aguarda – informou-me Jo. – Essas mulheres vão aloprar de um jeito que você nunca viu antes.

Fiquei aliviado ao ouvir isso, porque, para ser sincero, fui inocente ao acreditar que bastaria chegar vestido para um safári, com um binóculo nas mãos, para descobrir informações valiosas que poderiam ser levadas de volta para o quarto dos meninos.

Jo e suas amigas eram exatamente o que eu esperava encontrar no cruzeiro, uma turma de mães de 40 e poucos anos que entendiam a graça da situação. Ela me contou que vinha com as amigas quase todo ano – aquele era seu nono cruzeiro – e todas se comportavam feito bobas, admirando os ídolos da adolescência, revivendo memórias felizes e criando algumas novas. Parecia completamente inofensivo – e isso apenas aumentou meu medo de ter cometido um erro imenso ao acreditar que mulheres em uma Viagem de Garotas se comportariam de um jeito radicalmente diferente de como agiam na presença de homens.

Então a voz de Donnie Wahlberg soou das caixas de som e

um choque de energia atravessou a multidão. Foi como se um raio tivesse atingido o lugar. Eu logo descobriria que Donnie é o porta-voz da banda e guiava todo mundo por um juramento que faziam no começo de cada cruzeiro. O juramento parecia ter sido escrito por um calouro de faculdade passando por uma fase riponga. Você precisava repetir cada frase depois dele – todas pareciam terminar com a palavra "amor" – e foi um momento interminável.

Quando finalmente acabou, Donnie baixou a voz para um tom rouco e disse:
– Este é o barco do amor, porra.
E então começou. As mulheres se soltaram. E, ao escrever isso, quero dizer que elas se soltaram *mesmo*.

A explicação mais simples sobre o que aconteceu é que todas as mulheres começaram a dançar juntas, algo que homens americanos não fazem porque isso é coisa de "gaaay". Essa decisão idiota priva os homens do que talvez seja o maior condutor de "efervescência coletiva", que é a animação e a euforia que você recebe ao estar no meio de um grupo de pessoas unidas por um propósito. É "um tipo de eletricidade", de acordo com Émile Durkheim, o sociólogo francês que cunhou o termo no começo do século XX. A sensação é definida como um fluxo conectivo que cerca as pessoas de forma calorosa e as eleva a um sentimento que muitos acreditam ser espiritual. E funciona tipo uma cola instantânea para grupos. Toda cultura e toda religião fazem isso. E é preciso mesmo.

Homens americanos não dançam. Às vezes, em casamentos. Nunca em cruzeiros dos New Kids on the Block. Sempre, por algum motivo, lutando contra aquilo que Bronwyn Tarr, da Universidade de Oxford, descreve como a tendência humana natural de sincronizar nossos movimentos. Costumamos bater os dedos juntos ou concordar com as cabeças no mesmo ritmo compartilhado, e essa imitação conjunta libera uma série de substâncias químicas gostosas que usamos para nos fundir ao outro. Abaixo de mim eu sentia a carga elétrica daquela sincronia. Então a banda entrou no palco e a plateia se transformou em um completo borrão. Durkheim usou o termo "efervescência coletiva" para tentar explicar a perda de individualidade ao se aproximar do espiritual, como pode acontecer nesses momentos. Ele acreditava que a religião se originava quando a grande energia positiva gerada pela efervescência coletiva era direcionada para um tipo de totem, que se tornava sagrado. Naquele caso, o totem era uma *boy band* formada por cinco pais de meia-idade.

Os New Kids on the Block não eram mais garotos. Todos estavam mais perto dos 50 anos do que dos 40. Mas devo dar crédito a eles, já que se esforçavam para manter sua beleza de ídolos do pop. Dava para ver que ninguém se arriscou com carboidratos na véspera do cruzeiro. Enquanto eles perambulavam pelo pequeno palco, dando uma amostra da mercadoria para as moças, cada um deixou bem claro que tiraria a camisa em algum momento entre ali e Cozumel.

Haveria tempo para camisas serem removidas mais tarde. Aquele era apenas o "Show de Boas-vindas". Uma amostra da apresentação que fariam à noite. E da festa depois. E então do *after*. A mesma coisa uma vez após outra, em um barco, no golfo do México, sem escapatória.

⏪ ⏩

Quatro dias depois, às 4h23 da manhã, saí de um elevador e caminhei na direção do palco ao lado da piscina. Momentos antes, eu tinha acordado em pânico na minha cabine apertada quando descobri que a "soneca rápida" que pretendia tirar antes das festividades da última noite tinha durado umas oito horas. Eu poderia ter dormido outras oito. Mas me arrastei para fora da cama e subi para o *after* do *after*, porque, como Holden Caulfield disse, às vezes você precisa dar adeus.

Aquela havia sido uma Viagem de Garotas bem intensa e eu pretendia passar a última noite chegando a alguma conclusão grandiosa, se existisse alguma, sobre mulheres e amizades. Essa era uma ideia perigosa, porque jamais devemos forçar revelações brilhantes, especialmente quando se trata de generalizações sobre mulheres. Como eu disse antes, a única certeza que tenho sobre mulheres é que elas não querem que um homem explique como elas pensam ou como se sentem.

Mas não havia dúvida de que minha quase invisibilidade rendera algumas observações dignas de ser analisadas. A primeira descoberta foi que as mulheres com quem conversei não estavam ali por causa dos New Kids on the Block. Elas amavam a banda, sim. Mas o motivo para irem ao *cruzeiro* dos New Kids on the Block era por ele ser completamente ridículo. Sempre admirei essa qualidade em grupos de mulheres; elas parecem mais propensas a escolher atividades divertidas, mesmo que isso sacrifique o ato sagrado de "parecer descolada". É por isso que as festas de despedida de solteira são tão diferentes das despedidas de solteiro.

Quando cheguei ao palco sob o céu quase amanhecendo, apenas um terço das mulheres e dois dos New Kids permaneciam firmes e fortes, todos admiravelmente comprometidos com a ideia de que a festa só terminaria quando o navio atracasse no porto de Nova Orleans.

Afastei-me da agitação, que estava tão cambaleante quanto seria de esperar naquele horário, e voltei a subir a escada até o ponto que havia se tornado meu posto de observação no convés superior. Lá, dei uma última olhada na vista absurda, porque era uma vista que continha muitas coisas admiráveis sobre as mulheres. Abaixo de mim havia várias garotas festeiras – e garotas festeiras são ótimas. São aqueles grupos de mulheres que adoram gritar "uhul" uma, duas ou um milhão de vezes. Ser festeira nem sempre é visto com bons olhos, da mesma forma que homens chamados de fanfarrões; essas palavras são usadas para zombar de qualquer grupo de pessoas do mesmo sexo que ouse demonstrar que está se divertindo. Demonstrar diversão é inaceitável, caso você não saiba.

Por quatro dias observei as garotas festeiras com atenção, procurando algum segredo social com meu binóculo. Mas não encontrei nenhuma novidade. Não, o que eu descobri era algo óbvio, que estava bem na minha cara, uma revelação vergonhosa, sendo mais um ponto cego pessoal do que um segredo feminino. Era a dança. Aquelas mulheres dançavam sem parar. Elas dançavam enquanto esperavam por bebidas no bar. Elas dançavam na fila para o banheiro. Elas dançavam ao atacar o bufê do cruzeiro. Todas as noites elas se arrumavam segundo o tema do dia e dançavam a noite toda na festa da piscina. Calculo uma média de três ou quatro horas de dança por dia, além da cantoria, porque elas cantavam juntas todas as músicas, sempre a plenos pulmões. Quando saímos para nosso breve passeio por Cozumel, caminhei atrás de um grupo de quatro mulheres pelo cais compridíssimo que nos levava de volta ao navio e elas dançaram e cantaram o tempo todo, gritando e chamando todo mundo para acompanhá--las, quatro mães com hipotecas para pagar que tinham entrado completamente no clima daquela porcaria.

Se o mundo for regido por princípios muito simples, é fácil decifrar como o canto e a dança ajudam a criar laços entre seres humanos. "Nós somos uma espécie tão musical quanto linguística", disse Oliver Sacks. Mas isso não significava que eu tinha encontrado algo para roubar e levar para o quarto dos meninos. O segredo não podia ser cantar, né? A menos que a ideia fosse seduzir alguém, cantar seria obviamente classificado como gaaay, mas bem menos gaaay do que sair com os caras para dançar. Essa última ideia era 100% proibida. Eu nem saberia por onde começar. Hum, em vez de irmos para o shopping, que tal a gente ir balançar o esqueleto?

Houve apenas duas ocasiões na minha vida em que dancei de verdade com outros caras. Uma foi quando fui padrinho de casamento de um amigo e precisei aprender uma coreografia com os outros. E a outra foi quando eu tinha 11 anos, para a competição de dublagem de músicas do fim do verão, para a qual eu e quatro amigos assistimos sem parar a uma fita VHS dos New Kids on the Block apresentando "My Favorite Girl" e depois treinamos a coreografia até decorarmos tudo. Não fizemos isso porque seria tão divertido e a melhor coisa que fizemos juntos durante todo o verão. Dã.

Não, fizemos isso para zombar dos New Kids por serem tão gaaays. Como é que você ainda não entendeu isso?

Seis

O próximo experimento parecia moleza e começou quando meu amigo Nick escutou uma entrevista minha no rádio e me mandou um e-mail. "Esse assunto me acertou em cheio", escreveu. "Às vezes me sinto como o George Clooney em *Amor sem escalas*. Vivo cercado de gente, mas parece que não tenho amigos."

Ele confessou que recentemente faltara a um casamento e a uma despedida de solteiro de um grande amigo. As duas atividades exigiriam uma viagem de avião para destinos distantes e, com quatro filhos em casa, ele usou a desculpa válida de que não tinha dinheiro.

"Mas", escreveu, "estou arrasado, pensando que devia ter sentido mais vontade de ir."

Essa declaração acabou comigo, porque eu reconhecia muito bem aquele sentimento.

Eu e Nick fomos próximos no período logo depois da faculdade, quando seu grupo de amigos do ensino médio se integrou ao meu naqueles anos de apartamentos de merda, relacionamentos de merda e empregos de merda, que são basicamente os melhores da vida. Nós nos conhecemos durante um verão no fim da faculdade, quando nossos dois grupos acabaram, de algum jeito, trabalhando em um campo de golfe esnobe e nos aproximamos por causa de nossa vontade mútua de falar mal dos babacas ricos para quem carregávamos tacos de golfe.

Nick disse que seus melhores amigos perto de casa eram seu grupo de ciclismo. "Nós nos encontramos às seis da manhã e damos uma volta bem rápido para terminarmos antes das sete. Fazemos piada dizendo que nem sabemos se alguém ali é careca ou não, porque nunca nos encontramos em outro contexto. Não faço ideia da profissão deles, de onde moram, etc."

Tudo aquilo me deixava mal, mas o que me impulsionou a tomar uma atitude foi quando Nick especificou uma noite solitária do ano: a véspera do Dia de Ação de Graças. Nós dois nos lembrávamos de como essa noite era lendária, a reunião não oficial que acontecia todo ano, sem planejamento ou explicação, e a única certeza era o nome do bar onde começaríamos.

Nem me lembro da última vez que fui a uma véspera do Dia de Ação de Graças. Nick disse que se sentia péssimo sentado em casa todo ano, sem conseguir pensar em ninguém para ligar e ir tomar uma cerveja.

"O que aconteceu?", perguntou-me.

Olhando para trás, acho que eu devia ter entendido que essa era uma pergunta retórica.

⏪ ⏩

Na véspera do Dia de Ação de Graças seguinte, sentei em um bar vazio na Harvard Square, no restaurante de um amigo meu. Um milhão de anos antes eu tinha trabalhado lá e ele me emprestou o segundo andar inteiro do lugar por uma noite. O restaurante se chama Daedalus. Dédalo é o pai da mitologia grega, que ficou famoso por aconselhar o filho, Ícaro, a não ser metido e não voar perto demais do Sol. Esse cara. Mas não costumo dar muita atenção a sinais.

Ao contrário do Dia de Matar Aula, aquele reencontro não exigia que ninguém faltasse ao trabalho em uma sexta e acontecia na única noite do ano em que provavelmente todo mundo estaria na região sem nada para fazer. Parecia tão óbvio que nem parabenizei meu cérebro pela ideia e as coisas começaram bem quando o primeiro convidado apareceu mais ou menos na hora marcada.

É difícil explicar o que aconteceu depois disso, porque o cara que chegou era alguém que eu conhecia da época da escola, mas que nunca foi meu amigo, e ele estava nervoso pra cacete, o que me deixou nervoso pra cacete. Ele disse que achava que não devia ter vindo, já que não mantinha contato com ninguém do ensino médio ou com ninguém de forma geral. Também disse que estava com fome e pediu peixe empanado com batatas fritas, e fiquei lhe fazendo companhia enquanto ele comia e repetia que achava que não devia ter vindo.

Rory, meu coanfitrião, finalmente apareceu, atrasado como sempre, e tomamos rápido uma cerveja para evitar dizer o óbvio sobre aquele encontrinho. Eu o descreveria como um fracasso, mas isso seria ofensivo para os fracassos. Foi uma catástrofe ridícula.

Ninguém subiu a escada. Nem uma única pessoa. De todas que poderiam ter aparecido, nenhuma deu as caras. Só eu, Rory e o sujeito que achava que não devia ter vindo.

Meu telefone vibrava sem parar com os pedidos de desculpa, os "Não consegui escapulir", os "Vou cozinhar pra família toda no feriado" e os "Tome uma cerveja por mim" de praxe. O que foi legal, eu acho. Mas ninguém subiu a escada. Horas depois, após o cara ir embora, eu estava prestes a fazer o mesmo quando um velho amigo chamado Chris apareceu vindo de uma festa de família. Pedimos outra rodada e demos risada do desastre absoluto que estava acontecendo, mas eu só queria enfiar o rabo entre as pernas e bater em retirada.

Eu não tinha qualquer intenção de virar o cara que fica insistindo em marcar reencontros com os colegas de ensino médio, mas muitas pessoas me disseram que não conseguiram ir ao Dia de Matar Aula e insistiram para eu marcar outra coisa. Segui na ideia de que as pessoas estavam dispostas a ir um pouco além de dizer "Há quanto tempo". Mas não deu certo. Enquanto eu saía sozinho do bar, para valer dessa vez, a ficha caiu sobre algo que eu já deveria saber.

Se queria entender como priorizar as pessoas, precisava entender quem eu queria priorizar.

◂▸

Alguns dias depois, encontrei quase todo mundo que achei que veria subindo a escada naquela noite. Todos os meus amigos mais próximos da escola. Os caras e as garotas. As pessoas que eu normalmente adoraria encontrar. Mas aquele não era um momento de comemoração. Era o oposto.

O irmão caçula de um colega de classe popular faleceu. Eu o conhecia bem e ele era uma figuraça, mas acabamos perdendo contato e eu nunca soube que ele estava "mal", usando o termo educado, aquela característica triste da aflição que faz com que pessoas brancas de meia-idade sejam o único grupo demográfico cuja mortalidade está aumentando nos Estados Unidos.

Não sei como exatamente ele morreu, mas sei que seu falecimento poderia ser classificado como uma "morte por desespero", termo criado por Anne Case e Angus Deaton, um casal de economistas de Princeton cuja pesquisa revelou que as taxas de mortalidade aumentam em ritmo constante entre americanos de meia-idade, especialmente os brancos, desde 1999, revertendo uma tendência centenária na direção oposta que trouxe benefícios históricos.

Esse grupo – o meu grupo – é atacado por uma série de crises de saúde. Uma epidemia de depressão. Alcoolismo desenfreado. Overdoses fatais, principalmente de remédios controlados. Uma taxa de suicídios que aumenta rapidamente, ainda mais entre os homens. E a porra da obesidade com certeza não ajuda. É uma montanha de notícias ruins – e os dados levaram Case e Deaton a uma conclusão inegável: havia um mal-estar entranhado nos Estados Unidos.

Todo ano as Nações Unidas publicam o *Relatório Mundial da Felicidade*. Em 2017 e 2018, o capítulo final inteiro foi dedicado aos Estados Unidos. Mas não de um jeito positivo; na verdade, ele tentava analisar nossa decadência rumo à infelicidade, que os relatórios identificaram como uma crise de saúde em andamento. Apesar da nossa riqueza, fomos classificados em 18º na lista de países mais felizes, caindo de 14º. Atualmente, estamos logo na frente dos britânicos, mas desconfio que eles logo nos deixarão para trás, porque o Reino Unido, talvez mais do que qualquer outro país, começou a combater de forma sistemática a solidão, a principal culpada pela infelicidade e o mal-estar, especialmente entre idosos. A Campanha pelo Término da Solidão realiza ações diligentes sobre o assunto desde 2011 e o governo criou um cargo oficial para um "Ministério da Solidão" em 2017.

Porém, para lidar com o problema, devemos encarar a maneira como saciamos nossos valores intrínsecos. De acordo com a teoria da autodeterminação, o ser humano precisa de três coisas para ficar satisfeito: sentir-se competente naquilo que faz; sentir-se autêntico em sua vida; e sentir-se conectado com os outros.

A solidão é um sentimento antigo, mas a modernidade trouxe novos perigos à tona. Nossos ancestrais tribais raramente ficavam sozinhos. Eles viam as mesmas pessoas todo santo dia. Conheciam todo mundo e todo mundo os conhecia. Se você me pedisse para escolher o auge da sociedade humana, quando nossa espécie parecia estar lidando com a maioria das questões importantes de forma mais precisa, eu diria que isso ocorreu nas sociedades indígenas pouco antes das invasões europeias, que trouxeram seus valores extrínsecos venenosos – coisas como dinheiro, classes sociais e autoridade, uma cultura que valorizava o mercado e o Estado acima da comunidade e da família. Você sabe, essas coisas que continuam sendo problemas.

A atenção ao extrínseco certamente afastou nosso foco do intrínseco. E o maior inimigo da categoria "sentir-se conectado com os outros" sempre foi o próprio tempo. Nós evoluímos para um cérebro maior, que nos oferece a capacidade de ter um círculo social expandido. Existe um argumento convincente de que esse foi o motivo para o cérebro maior se desenvolver. Porém a qualidade das nossas conexões era e continua sendo diretamente relacionada à quantidade de tempo que passamos uns com os outros.

⏮ ⏭

Removi alguns quadros da parede do meu escritório em casa, peguei uma canetinha nova, uma pilha de Post-its e comecei a escrever nomes. Primeiro analisei os contatos no meu telefone, depois passei para meus 1.335 amigos no Facebook. Muitas das escolhas foram fáceis. Minha esposa. Meus pais. A vovó. Meu irmão caçula na Califórnia. O Danimal, meu colega de quarto no primeiro ano da faculdade. As duas garotas com quem fiz amizade na quarta série. Minha cunhada, na maioria dos dias. Seis pessoas que conheci através dos meus filhos. Vinte e três jornalistas, que é gente demais, incluindo seis da pós-graduação. Sete pessoas com quem cresci em Southie, que, com certeza, era gente demais. Oito pessoas com quem estudei no ensino médio e oito da faculdade. Cinco foram meus colegas de quarto. Trinta e cinco eram mulheres. Sete eram pessoas que conheci enquanto escrevia uma matéria sobre elas.

Fiquei surpreso com muitas das escolhas – gente que parecia muito aleatória, mas que me deixou imediatamente animado quando li seu nome. Mais surpreendente foi a facilidade das omissões, a rapidez com que consegui ver o nome de alguém que eu conhecia, com frequência muito bem, e saber que não me interessava tanto assim por sua companhia. E também foi surpreendente perceber que eu não sentia que estava fazendo nada de errado, porque podia dizer com certeza que gostava de quase todas as pessoas de quem tinha o contato. Eu pararia para falar com elas se as visse em um bar. Mas ficaria com vergonha de sentar com elas para beber? Essa era uma das formas com que Robin Dunbar determinava se um relacionamento social era importante – segundo ele, só era possível que isso acontecesse com um total de 150 pessoas.

O número de Dunbar é uma das teorias mais discutidas na psicologia social, o trabalho de um professor de Oxford que passou uma longa carreira pesquisando todos os aspectos da evolução social. Em tudo que li, o nome de Robin Dunbar aparecia. Já até mencionei alguns dos seus estudos. Ele faz as melhores perguntas.

O número 150 não era uma teoria, mas um cálculo baseado no tamanho do neocórtex. Ao estudar primatas e outros mamíferos, Dunbar descobriu que a proporção entre o volume do neocórtex e o volume total do cérebro pode prever exatamente o tamanho do grupo social do animal. Quando ele aplicou esse cálculo ao neocórtex do *Homo sapiens*, encontrou o número 150.

O número de Dunbar foi divulgado no fim da década de 1980, durante a época em que o pensamento evolucionário estava pegando fogo em Oxford, quando jovens acadêmicos como Richard Dawkins debatiam se nossos genes são egoístas e se a evolução e a seleção naturais não são histórias de um organismo, mas do DNA lutando para sobreviver em futuras gerações, já que quase todas as informações herdáveis que passamos para a geração seguinte ocorrem em um instante químico, o momento da concepção.

Dunbar propôs a teoria que hoje é conhecida como a hipótese do cérebro social, defendendo que a inteligência humana evoluiu basicamente como uma forma de sobreviver e se reproduzir em um grupo grande. Os padrões de comportamento que herdamos de nossos ancestrais foram moldados por esse longo jogo de sobrevivência do mais apto, da mesma forma que os corpos que nos abrigam. Nós nascemos seguindo regras.

Dunbar propôs que toda pessoa tem a própria impressão digital social, porém, no geral, a maioria mantém um grupo de 150, que pode ser dividido da seguinte forma: cinco amigos "muito próximos", além do seu parceiro romântico, se for o caso. Depois, dez amigos "próximos", que se misturam com os "muito próximos" para formar seu "grupo de afinidade" – as pessoas que sempre vão ao seu aniversário e que vão chorar no seu enterro. A partir daí, você tem 35 pessoas que ficam no meio do caminho entre amigos próximos e conhecidos e então vêm cerca de 100 "conhecidos". É claro que *conhecemos* muito mais gente do que isso. Estatisticamente, somos capazes de associar nomes aos rostos de cerca de 1.500 pessoas, segundo Dunbar, mas as limitações de tempo e de capacidade de comunicação nos deixam com 150 "amigos".

Ainda não decidi se 150 é muito ou pouco, mas sei que os

seres humanos precisaram adaptar bastante a maneira como lidamos com a catação social para mantermos contato com tantos. Os primatas não humanos lidam com a catação através do toque físico, em duplas, o que é ineficiente. Os humanos desenvolveram a música e a dança e o ato de contar histórias e as risadas como formas de se conectar com mais de uma pessoa por vez, em sincronia. A dança permite a catação entre várias pessoas ao mesmo tempo, como os New Kids on the Block nos ensinaram. Mas Dunbar acredita que o riso tem um efeito excepcionalmente potente, oferecendo uma onda de endorfina três vezes mais eficiente do que a catação física. (Ele também acredita que as risadas têm mais efeito em grupos de três pessoas. Para conversas, o número seria quatro.)

As ótimas perguntas de Dunbar são acompanhadas por ótimas respostas, mas, ao associar valores a ações sociais fluidas, ele praticamente desafiou as pessoas a tentar desmentir suas teorias. Porém, décadas depois, isso não aconteceu; na verdade, pesquisadores continuam encontrando provas incidentais dos 150 em vários locais aleatórios, desde o tamanho das unidades militares na época do Império Romano à quantidade média de cartões de Natal que os britânicos enviam todo ano. É fácil encontrar esse número se você estiver buscando por ele, é claro. Muitas empresas o adotaram como um mantra em suas estruturas organizacionais, com sucesso. Contudo, a melhor comprovação que já ouvi vem do fato de que 150 é o tamanho médio dos clãs das sociedades sobreviventes de caçadores-coletores.

◄◄ ►►

Comecei a contar os nomes na minha parede. Pareciam muitos, para ser sincero, porém, quando cheguei aos 100 e observei

quantos faltavam, fiquei com a sensação empolgante de que Dunbar estava prestes a ser desmentido.
Cento e quarenta e cinco. Cento e quarenta e seis. Cento e quarenta e sete. Cento e quarenta e oito.

Corri para o andar de baixo para contar a minha esposa sobre aquela esquisitice que eu estava fazendo com uma canetinha – e também para me certificar de que ela não chamaria a polícia, porque não há muitos casos de pessoas sãs que enchem as paredes com Post-its cheios de nomes. Entretanto, assim que abri a porta do meu escritório, senti uma pontada aguda de culpa. Porque foi nesse momento que ouvi as vozes dos meus filhos.

Em minha defesa, eles não têm números de telefone nem contas no Facebook.

Charlie Baker. Cento e quarenta e nove.
Jake Baker. Cento e cinquenta.

Bizarro.

Quando os arrepios passaram, organizei os nomes em grupos. O maior era o dos 23 jornalistas – que, repito, é um número enorme, mas trabalho há duas décadas na área e é esse tipo de coisa que acontece nessa situação: proximidade acidental. Foi esse o termo que usei na minha matéria original para descrever amigos de trabalho, inspirando uma delas a me dizer que estava "Ofendida!". Admito que foi um comentário meio agressivo, mas a verdade é que todas as amizades começam com uma proximidade acidental. Existe um nome para os casos não acidentais: "parentes". Os amigos são a família que você escolhe e só podemos escolher pessoas que estão próximas de nós.

Dei um passo para trás para observar de longe os nomes na parede, então voltei a me aproximar para dividir os dados, dessa vez usando uma linha simples e dolorosa para separá-los: com quais dessas pessoas eu socializava de forma ativa e com quais deveria me esforçar mais?

A maioria precisava de dedicação, mas dois grupos se destacavam no lado que estava dando certo. Um envolvia um culto ao qual me juntei recentemente. Já vou falar sobre isso.

O outro era formado por dois irmãos que tinham metade da minha idade.

◄◄ ►►

Vou contar uma história.

Em 2011, eu e outros dois repórteres trabalhamos juntos em um projeto grande, uma série chamada "Life on the Line" (A vida na linha), na qual contávamos histórias que aconteciam em uma linha específica de ônibus que passava por alguns dos bairros mais perigosos de Boston. Passamos meses trabalhando no projeto e, conforme a série chegava ao fim, enfiei na cabeça que queria encerrar o trabalho com uma história animadora. Com frequência, quando se trata de comunidades como essa, jornalistas destacam os problemas e ignoram os sucessos.

Fazia um tempo que eu procurava alguma coisa, sem saber exatamente o que era, até que conheci um assistente social chamado Emmett Folgert que me disse saber qual seria a história ideal. Ela girava em torno de George e Johnny.

Emmett é um cara alto que usa boina e gerencia um centro de jovens em um espaço apertado diante de um McDonald's. É um lugar improvisado, mas muitas das crianças na vizinhança passam por situações difíceis e havia décadas que Emmett fazia um trabalho incrível com cada uma delas.

Na vizinhança, ele é conhecido por carregar notas de 1 dólar que dá para as crianças comprarem algo no McDonald's, sob a condição de que voltarão para conversar com ele. Ele gosta de dizer que é impossível conversar com uma criança faminta.

George e Johnny eram duas dessas crianças famintas. Os dois foram buscar as notas de 1 dólar, ficaram no centro de jovens para jogar pingue-pongue e videogames, aos poucos se abrindo para Emmett sobre o que acontecia em casa. Seus pais tinham imigrado do Vietnã, onde o pai lutou ao lado do Exército americano. Depois que o Exército dos Estados Unidos saiu do país, o pai passou cinco anos em um "campo de reeducação" comunista. A experiência o deixou com problemas mentais que o acompanhariam por toda a vida e ele havia pulado da ponte mais alta de Boston pouco antes de eu conhecer George e Johnny.

A mãe também passava por alguns problemas de saúde mental. Ela não falava inglês. Raramente saía de casa. Raramente fazia qualquer coisa. George e Johnny eram obrigados a cuidar de si mesmos na maior parte do tempo e aquela rota de ônibus tinha um papel importante nisso. Era assim que eles iam todo dia à escola Boston Latin.

Eu já conhecia bem aquela história, porque esse foi a mesma escola que transformou a minha vida. A Boston Latin é a escola pública mais antiga dos Estados Unidos e permanece sendo uma das melhores ideias do país. A melhor instituição com teste admissional, ela atrai crianças com vários tipos de vida e oferece algo que falta em muitos bairros: oportunidade.

Passei um mês indo para a escola com George e Johnny todos os dias e ouvindo sua história. George tinha 14 anos e era extremamente tímido e quieto; Johnny era um ano mais velho, mais extrovertido, porém nervoso, o tempo todo preocupado com dinheiro, comida e o futuro dos dois. Como jornalista, meu trabalho era observar, o que significava permanecer em silêncio enquanto ouvia problemas que eu não poderia solucionar. Certa vez, tive que ficar de boca calada quando Johnny contou que não tinha dinheiro suficiente para comprar um ingresso de cinema. Eles me pediam o tempo todo para ganhar um exemplar grátis do jornal quando o artigo fosse publicado. Contei-lhes que a matéria sairia em um domingo e os dois concluíram que o jornal custaria bem mais caro no domingo do que nos outros dias da semana.

Na véspera da publicação da história, levei os dois para a gráfica do *The Boston Globe* para que pudessem pegar sua matéria direto da linha de produção. Depois fomos comer uma pizza e, de repente, nossa relação parecia diferente. A barreira havia desaparecido. Eu não era mais um jornalista. Era amigo deles. Essa amizade ganhou um significado imenso em nossas vidas.

No começo, eu era o adulto que preenchia lacunas. Caronas. Ingressos para a festa de formatura. Presentes de Natal. Esse tipo de coisa. Emmett me explicou como ser um mentor, como permanecer presente na vida deles, como fazer perguntas, quando interferir caso eu quisesse dar conselhos. Os dois fizeram sua parte, como sempre tinham feito – sendo tranquilos, não se metendo em encrencas e tirando notas boas na escola. Johnny conseguiu uma bolsa para estudar Engenharia Química na Universidade de Massachussetts em Amherst. Eu o levei para o primeiro dia de aula, comprei um frigobar para seu quarto do dormitório e fiquei com os olhos cheios de lágrimas quando chegou o momento de deixá-lo por conta própria.

No ano seguinte, em uma tarde, eu estava na redação quando George me mandou uma mensagem: "Fui aprovado!" Ele havia entrado para Yale. Fiquei tão emocionado que me escondi no refeitório e, quando dei por mim, comecei a escrever um desabafo, frase a frase, justamente no Twitter, falando sobre como nossa relação era importante para mim. Esses tuítes viralizaram e, de repente, nós éramos usados como exemplo para qualquer coisa que as pessoas quisessem que fôssemos. O *NBC Nightly News* mandou um jornalista famoso de Nova York no meio de uma nevasca. A CNN nos levou para Los Angeles. Parecia que todo site grande tinha resolvido falar sobre nós e, para ser franco, eu estava levando crédito demais pelas conquistas de Johnny e George. Tudo parecia muito grandioso, mas a verdade é que nossa relação deu certo porque era leve. Emmett era a figura paterna dos dois; eu podia encarnar o papel do tio divertido. Não era eu quem os acordava, os colocava dentro daquele ônibus e fazia o dever de casa com eles. A melhor coisa que fiz pelos irmãos era bem simples. Eu me tornei um telefonema.

◀▶

Em 1938, pesquisadores de Harvard começaram a acompanhar 724 alunos do segundo ano de faculdade em um estudo de saúde longitudinal. Formalmente denominado "Estudo de Harvard sobre o Desenvolvimento de Adultos", ele se tornou mais conhecido como o "Estudo de Harvard sobre Felicidade". Isso aconteceu porque ele produziu os melhores dados a longo prazo sobre a conexão entre saúde e felicidade e como conquistamos esse equilíbrio.

Desde o início, os pesquisadores fizeram uma pergunta simples aos participantes, encontrando resultados incrivelmente informativos: para quem você telefonaria se estivesse passando mal ou com medo no meio da madrugada?

Aqueles que tinham alguém com quem contar nesse momento eram estatisticamente mais saudáveis e felizes. Eles também envelheciam melhor e viviam por mais tempo do que pessoas que não tinham relacionamentos carinhosos e próximos.

Passei por muita coisa ao lado de George e Johnny. Nascimentos e aniversários. Aulas de direção apavorantes. Dias de Ação de Graças na casa dos meus pais. Primeiras namoradas e primeiros corações partidos. Formaturas e primeiros empregos.

Eles passaram a fazer parte da família. Os dois até me chamam de tio Billy, apesar de isso normalmente acontecer quando estão implicando comigo por ser velho, o que fazem o tempo todo. Eles cresceram diante dos meus olhos e, conforme foram entrando na vida adulta, gradualmente passaram a precisar menos de mim. Três ou quatro vezes por ano eles vêm passar o fim de semana com a minha família e é incrível ver como cresceram e amadureceram, parecendo tão à vontade quanto é possível para pessoas no período complicado que são os 20 e poucos anos. Não posso levar crédito por nada disso, exceto por aquela parte simples. Eu me tornei o telefonema deles. E os dois sabem que isso nunca vai mudar.

◀◀ ▶▶

Agora vamos falar do outro grupo na minha parede de Post-its. Esse é um pouco vergonhoso, para ser sincero. Eu nunca quis ser o cara de meia-idade que tem "amigos da academia". Não me interesso nem um pouco por academias de ginástica. Elas sempre me pareceram um mundo esquisito de competição silenciosa, um espaço social que parece seguir a etiqueta implícita do banheiro masculino – olhe para a frente, não fale, apenas faça o que veio fazer e vá embora. Todo mundo usa fones de ouvido, comunicando-se com gestos animalescos para perguntar se você já terminou de usar o aparelho.

Sempre fui um cara que gosta de esportes em equipe. Eu adorava fazer parte de uma manada, de incentivar os outros enquanto ocupava o banco de reservas ou de trocar provocações no vestiário. Sou do tipo que acredita no romance do "espírito esportivo". Mas esse tipo de esporte acaba rápido demais e, de repente, você precisa malhar para se exercitar. Mas essa não é a minha praia.

Infelizmente, a idade chega para todos e precisamos tomar uma atitude. Seguindo a linha dos clichês, comecei a correr, me impulsionando contra o pavimento por longas distâncias, apenas com meus fones de ouvido me fazendo companhia, por mais horrível que isso pareça. Jamais gostei de correr. Eu gostava da sensação de ter corrido. Gostava de ver minha barriga diminuir. Mas não gostava de correr, especialmente sozinho. Sabia que precisava de outra coisa. E ainda não consigo acreditar na solução que encontrei.

Já vou logo avisando que, antes de entrar para uma academia de CrossFit, eu provavelmente era o campeão de fazer piadas sobre crossfiteiros. No mínimo, era uma das dez pessoas que mais fazia piada. E isso acontecia principalmente por causa da questão que serve de base para a melhor piada de CrossFit de todos os tempos: "Como você sabe que alguém faz CrossFit? Ele vai te contar."

O culpado foi Matt, meu amigo da faculdade. Ele foi minha dupla na minha primeira maratona e praticamente precisou me arrastar pelos últimos quilômetros. Isso aconteceu apesar de eu ter treinado bem mais do que ele. Em vez de correr, o babaca fazia CrossFit. Pior ainda, ele falava de um jeito que fazia aquilo parecer muito mais divertido do que correr.

Do jeito que Matt contava, ele ia para a academia, onde fez alguns amigos, e todos batiam papo, faziam um aquecimento e depois uma série rápida – geralmente, com uma dupla ou em um grupo pequeno –, e terminavam em uma hora, todos felizes e tal, cheios de endorfina. Parece horrível, né?

Nós correríamos outra maratona no outono e eu não estava com a menor vontade de treinar sozinho sob o sol quente do verão, então paguei um pacote de três meses no CrossFit Cape Ann, prometendo a mim mesmo que só ficaria um pouco mais forte e picaria minha mula quando o tempo esfriasse. Não importava o que acontecesse, jamais me tornaria uma daquelas pessoas ridículas "de academia". Foi amor à primeira vista. Pronto, admiti. E fica pior. Minha parte favorita foi o lado social. Tudo é feito em turmas, com esforço em grupo, incentivando e reclamando juntos, lado a lado. É um sofrimento opcional, igual a correr uma maratona, o que é esquisito quando paramos para pensar, mas vivemos em um mundo em que o trabalho físico para o qual nossos corpos foram construídos está ausente da rotina da maioria das pessoas. Porém não adianta lamentar dos motivos que nos trouxeram até aqui; em vez disso, foi maravilhoso simplesmente aceitar os benefícios primitivos de enfrentar um desafio com outro ser humano. E, como muitos exercícios são bolados para seu parceiro depender de você – por exemplo, ele não pode parar de fazer abdominais até você terminar de remar seus 400 metros –, você se sente necessário de verdade. E se sentir necessário para outra pessoa em uma época difícil é a antiga fórmula para a formação de tribos. É por isso que as pessoas costumam relatar que, olhando para trás, seus momentos mais felizes ocorreram em épocas de guerra ou desastre. É aí que você se sente necessário para o seu vizinho; quando tudo termina, você volta para sua casa, tranca a porta e processa o vizinho por ter construído uma cerca 30 centímetros dento do limite do seu terreno.

Outro fato patético sobre entrar para uma academia baseada em trabalho comunitário: as conversas antes e depois dos exercícios eram o máximo de interação social que eu tinha por dia. De novo, eu podia ficar me lamentando sobre como isso é triste ou poderia apreciar o fato de que a atividade se tornou tão positiva na minha vida que, quando sentei para fazer uma lista das 150 pessoas com quem me importava no mundo, onze delas eram meus amigos do CrossFit. Eles eram as pessoas que eu mais encontrava em um ambiente social, durante uma hora por dia em que eu sempre me divertia, quando as endorfinas me deixavam com o melhor humor, então faz todo o sentido, apesar de que admitir isso em voz alta pareça estranhamente vergonhoso.

Uma das pessoas de quem mais me aproximei por causa da academia foi um cara chamado Andrew. Nós nos conhecemos na pré-escola de nossos filhos e ele também era jornalista. Fomos imediatamente com a cara um do outro, tomamos umas cervejas de vez em quando, mas parecia que as coisas não passariam disso. Então, um dia, eu estava perto do seu escritório e dei um pulo lá.

– Precisamos marcar uma cerveja – disse ele quando eu ia embora.

E eu respondi, toooodo esquisito:

– Isso vai parecer meio doido, mas e se, em vez disso, a gente fosse à minha academia um dia desses?

Ele revirou os olhos, como era de praxe, quando anunciei a palavra "CrossFit", mas apareceu em uma manhã de sábado e, quando dei por mim, ele havia se convertido.

Simples assim: começamos a nos encontrar quase todas as manhãs, o que significava que logo passamos de dois caras que gostavam um do outro e sempre diziam que deviam marcar alguma coisa para parceiros de verdade. É claro que todas as mulheres que nos conheciam – especialmente a filha adolescente dele – passaram a fazer questão de classificar nossa relação como "broderagem". Em inglês, o termo equivalente "bromance" foi criado na década de 1990 pela revista de skate *Big Brother* para descrever skatistas que passavam tempo demais juntos, mas se transformou em uma leve ofensa para quaisquer caras que ousem se aproximar demais. Não é uma expressão condescendente e não parece tão errada quanto um berro de "Que gaaay". Não, a broderagem ocupa a categoria de ah-que-fofinhos.

Para mim, a parte mais triste é que precisamos de um termo

para a broderagem porque ela é tão rara que chama atenção. Em suma, amigos homens abertamente próximos são uma anomalia tão grande hoje em dia que você precisa de um nome para esse fenômeno.

Quer saber outra coisa que é rara? Passar 200 horas interagindo com um novo amigo. De acordo com um estudo de 2018 publicado no *Journal of Social and Personal Relationships*, é depois disso que as pessoas alcançam o nível de bons/melhores amigos. Fora do trabalho, o único lugar em que isso poderia acontecer, para mim, era na academia. A diferença é que interações de trabalho – assim como boa parte das interações em nossa rotina – têm uma base econômica. Mesmo que seja de um jeito mínimo, o dinheiro está por trás de quase todos os nossos encontros. Pense nisso. Para ter sucesso nos negócios, você não faz amigos; você faz *networking*. Para o ser humano moderno, o ato de ganhar ou gastar dinheiro é o principal motivo para precisarmos de pessoas fora de nossa família.

◄◄ ►►

Muitos cientistas permanecem indecisos sobre por que, então, precisamos de amigos. Tecnicamente, você consegue sobreviver sem eles. Muitas pessoas sobrevivem. Entretanto, a teoria que surge com mais frequência para apoiar a popularidade é relacionada à capacidade de juntar um grupo quando dá merda.

O conceito de um amigo poder contar com você e saber que você pode contar com ele constitui um pacto sagrado. É saber que, em momentos de perigo e crise, você não está sozinho. A parte mais especial é que ele não se aplica a todos os amigos do mesmo jeito. Existe apenas um punhado de pessoas por quem você se meteria em uma briga.

Eu sabia exatamente quem eram essas pessoas, porque escrevera seus nomes em 150 Post-its, feito um psicopata. Mas, ao definir por quem valia a pena lutar, fiz algo igualmente vantajoso: identifiquei por quem não valia. Abrir mão de relacionamentos problemáticos também é importante para a saúde e a felicidade, porque eles literalmente contaminam você com suas merdas.

Desde 1948, pesquisadores acompanham 5 mil pessoas – e, agora, seus filhos – de Framingham, Massachusetts, em um dos mais importantes estudos longitudinais sobre saúde. Talvez a descoberta mais reveladora do estudo seja o fato de mostrar que germes não são as únicas coisas contagiosas no mundo. Existem infecções sociais mensuráveis. A obesidade é transmissível entre redes sociais, assim como o tabagismo.

É fácil notar isso. Contudo, o mais surpreendente é que os pesquisadores descobriram que coisas como a solidão são contagiosas. Estatisticamente, você tem mais probabilidade de se sentir solitário se tiver um amigo solitário.

Mas aqui vai a melhor parte: a felicidade é contagiosa da mesma forma.

Então, anotar aqueles nomes na parede me ajudou a saber com quem eu me importava e também a me livrar daqueles que infectavam minha vida com suas merdas.

Depois que você descobre quem são as pessoas para quem deve dar atenção, é mais fácil pensar em como dar atenção a elas.

Sete

Mais adiante neste capítulo, eu me sentarei ao lado de uma "professora de felicidade" de Yale, em uma sala de estar imponente, e concordarei com a cabeça quando ela me disser que a psicologia tem as respostas para a felicidade, que você é capaz de alcançar o bem-estar quando seus atos sociais têm propósito.

Mas, para chegar a esse ponto, preciso começar alguns meses antes, com algo que deu certo justamente por ser involuntário, acionado não por metodologia, mas por um estímulo. Por sorte, com uma pitada de crise de meia-idade.

Estou me referindo ao fato de que eu e Rory, do nada e sem combinarmos, viramos surfistas.

Foi um acontecimento bastante curioso, levando em consideração que éramos homens de 40 e poucos anos que moravam em uma parte do mundo em que o oceano costuma apresentar temperaturas mortais de tão frias. A parte mais esquisita é que isso nos deu o motivo perfeito para provocarmos um ao outro.

Tudo começou quando fiz uma aula em uma praia perto de casa com alguns amigos e consegui me levantar sobre uma onda minúscula. Senti a energia do oceano me dominar e entendi imediatamente por que aqueles surfistas babacas faziam tanto auê. Mesmo correndo o risco de soar piegas, preciso dizer que foi uma experiência que mudou minha vida. Compreendi, na mesma hora, que passaria boa parte do meu tempo tentando recuperar a sensação que havia acabado de ter.

Surpreendentemente, Rory teve uma experiência paralela em uma viagem ao México com amigos da faculdade. De repente, estávamos apaixonados por uma atividade tão perfeita para nós que seria impossível encontrá-la de propósito. Ela foi um presente dos deuses da amizade, porque, no fim das contas, surfe é um nome enganoso, sugerindo que a atividade principal de um surfista é surfar. Vamos compará-lo com pesca e caça, por exemplo, que receberam nomes corretos. Elas não se chamam fisgar e matar.

Mas é muito raro que surfe signifique surfar. Você não pode simplesmente fazer isso quando sente vontade, ainda mais em uma região escassa de ondas como Massachusetts. Não, só podemos surfar quando o oceano permite e essas oportunidades rápidas exigem o constante monitoramento das marés, dos ventos e do tamanho das ondas, para você conseguir posicionar seu corpo coberto de neoprene nas proximidades de uma boa onda. Mesmo assim, dentro do oceano a principal atividade é remar. E remar. E remar mais um pouco, alternando apenas, no nosso caso, com quedas dramáticas sempre que ousávamos tentar nos levantar em nossas pranchas. Era uma atividade que exigia atenção constante e um esforço vigoroso. Em outras palavras, era preciso ter um companheiro de caça com o mesmo vício bem específico.

O surfe fez com que mantivéssemos contato constante, tentando compreender todas as mil variáveis importantes. Uma coisa que entendemos logo de cara é que surfar não é uma atividade de verão. Essa ideia é coisa do cinema. Não, o surfe é um esporte de inverno, porque é nessa época que as tempestades agitam os mares; acontece que os invernos no Havaí são um pouquinho diferentes dos invernos na Nova Inglaterra.

Então, quando as ondas vinham, naquelas manhãs congelantes, nós saíamos correndo ao amanhecer com nossas pranchas presas ao teto da minha velha perua, geralmente seguindo para a costa de New Hampshire, que tem menos de 30 quilômetros, mas cujo litoral é quase todo percorrido por uma estrada, permitindo que analisássemos os melhores pontos, tagarelando com animação e medo enquanto fingíamos saber o que estávamos fazendo. Nervosos, nós escolhíamos um lugar, colocávamos o neoprene, corríamos para a praia, encarávamos o oceano gélido com um medo paralisante e então saíamos remando juntos, os dois encorajados pelo fato de ter um companheiro ao lado naquele grande mar congelante.

Quando o frio se tornava insuportável, saíamos correndo do oceano, tremendo, e seguíamos nossa rotina, que se tornou muito coreografada, com cada um arrancando o neoprene dos ombros do outro o mais rápido possível para voltarmos para o carro e ligarmos o aquecedor. Sempre parecia que tínhamos enfrentado algo juntos – esse é o antigo processo de fermentação para fabricar uma amizade.

⏪ ⏩

Como éramos parceiros de surfe e tal, eu e Rory resolvemos que precisávamos viajar para um desses lugares em que o inverno é diferente. Escolhemos a península de Nicoya, na Costa Rica, conhecida pelos surfistas por suas ondas consistentes e águas quentes, e pelos cientistas como uma das Zonas Azuis do mundo.

Nós estávamos uma hora ao sul de Libéria, a capital da província de Guanacaste, atravessando estradas de terra esburacadas em nosso minúsculo carro alugado, quando chegamos à chamada Zona Azul. Meus sentidos ficaram mais aguçados, como se todo rosto e todas as casas que passavam por nossas janelas pudessem oferecer alguma pista, alguma lição sobre o que eles faziam diferente de mim.

O termo "Zonas Azuis" foi popularizado por Dan Buettner em uma matéria publicada na revista *National Geographic* em 2005, na qual ele identificou os cinco lugares no mundo em que as pessoas comprovadamente vivem por mais tempo, são mais felizes e mais saudáveis, e sofrem de muito menos doenças do que o mundo desenvolvido. Você não deveria se surpreender ao descobrir que boa parte do sucesso desses lugares é atribuída a conexões sociais intensas. (As pessoas também comem muitos legumes.)

As cinco Zonas Azuis consistem nas montanhas no interior da Sardenha, uma ilha no Mediterrâneo onde os homens costumam viver até os 100 anos; em Okinawa, no Japão, onde a qualidade de vida é conhecida, resultando em uma longevidade saudável; em Loma Linda, na Califórnia, onde uma comunidade de adventistas do sétimo dia colhe os benefícios de uma vida saudável, vivendo uma média de 10 anos a mais do que os americanos típicos; e na ilha grega de Icária, onde um terço dos habitantes vive até os 90 anos e a demência é praticamente inexistente; além de Nicoya.

A Zona Azul pela qual eu me aventurava parecia ter algo específico a me ensinar. Naquela manhã, eu tinha acordado em casa, em um país onde a meia-idade se tornava cada vez mais fatal. Então uma viagem de avião e um carro alugado tinham me levado para o lugar com a menor taxa de mortalidade entre pessoas de meia-idade no planeta.

Buettner identificou características específicas no estilo de vida de cada uma das Zonas Azuis, incluindo atividades físicas moderadas constantes (pense mais em jardinagem do que em maratonas ou CrossFit); rotinas intencionais para lidar com o estresse (os gregos tiram sonecas e os sardos frequentam a *happy hour*); e dietas à base de alimentos vegetais com uma ingestão calórica moderada (surpreendentemente, os habitantes de todas as cinco zonas fazem um jantar leve no começo da noite – a menor refeição do dia – e depois não comem mais nada). As zonas também compartilham algum tipo de dedicação religiosa ou, no mínimo, certa espiritualidade. E, exceto pelos adventistas, todos bebem com moderação, em geral uma ou duas taças de vinho por dia. Também existe a ideia de ter um propósito na vida, um motivo para acordar pela manhã. Os moradores de Nicoya chamam isso de um *"plan de vida"* e o simples fato de entendermos nossas motivações pode nos ajudar a viver por mais tempo.

    Porém o que mais me interessou e fez meus olhos analisarem cada centímetro de todos os homens e mulheres que encontrávamos em Nicoya – *ticos* e *ticas*, como são chamados – foi o trecho da teoria da Zona Azul que atribuía boa parte desse bem-estar a fortes conexões sociais com amigos e parentes. Todas as zonas praticavam a forma original de previdência social, que significa manter os pais e avós idosos por perto, geralmente na mesma casa.

    E foi assim que cheguei à minha semana em Nicoya com um filtro específico no cérebro. Essa é uma mentalidade perigosa – a de um antropólogo errante –, porque é bem fácil encontrar pelo em ovo. E é especialmente perigoso quando você é um gringo em um paraíso tropical, tomando sol demais, contagiado pelas férias, cansado de surfar.

    Então vou guardar para mim as muitas e muitas anotações

que fiz, já que boa parte delas é o equivalente intelectual de comprar um colar de búzios e oferecer a que pareceu mais concreta e que mais me deu inveja. Como todas as porcarias de revelações dessa jornada, ela foi de uma simplicidade irritante.

Estou me referindo ao simples fato de que, nas tardes e noites, quando o calor finalmente cedia e as sombras surgiam, todo mundo se reunia em grupos do lado de fora. Crianças e cachorros, avós e vizinhos, todos batendo papo, geralmente ao redor de uma fogueira, com o cheiro de algo assando, a forma mais primitiva e gostosa de um ser humano terminar seu dia.

Pensei nos meus grupos sociais, em que encontros assim eram tão raros que os encarávamos como "eventos especiais". Que coisa triste.

E ficou mais triste ainda quando percebi que, segundo os padrões americanos, isso parecia normal.

◀◀ ▶▶

Agora quero voltar para a professora de felicidade de Yale que tentava me vender, com a convicção de um pastor pregando na esquina, a ideia de que a psicologia tinha as respostas.

Cheguei a New Haven no dia anterior, saindo de Boston e dirigindo por duas horas para encontrar essa mulher e também para tentar entender por conta própria por que as aulas dela eram tão populares na faculdade. Fui um dia antes porque George queria que eu fizesse algo completamente ridículo: passar a noite no dormitório dele e sair com seus amigos.

Estive muitas vezes em Yale com George, lhe dando carona para ir ou voltar de Boston, mas nunca passei muito tempo por lá. Geralmente nós íamos à Frank Pepe's, a lendária pizzaria de New Haven, antes de pegar a estrada. Mas era a primavera do último ano de George na universidade e eu sabia que ele queria muito que eu conhecesse seus amigos e sua vida em Yale, então aceitei dormir em uma cama minúscula de dormitório pela primeira vez em duas décadas.

Enquanto George me guiava por um tour da sua vida universitária, desde o dormitório imponente ao pátio central imponente, passando pelo refeitório imponente, eu sentia meu velho interior resmungando: "Puta merda." O comentário pode ser aplicado a todas as faculdades e universitários e vem carregado de inveja idosa. Mas parece especialmente adequado para universidades chiques e antigas, como Yale, que se tornaram tão boas nas melhores partes da experiência universitária – coisas que não existem em nenhuma outra fase da vida e fazem com que esses sejam "os anos mais curtos e felizes", segundo o grito de guerra de Yale.

Yale, em especial, faz algo que é socialmente bem engenhoso: os 6 mil estudantes são divididos em 14 colégios residenciais, algo muito parecido com as casas de Hogwarts, dos livros de Harry Potter. Cada casa contém algumas centenas de alunos – um grupo muito mais fácil de gerenciar – e é dirigida por um membro do corpo letivo que mora no local, geralmente com a família, e oferece a presença estabilizadora de ter um pai em casa. O centro social de cada colégio residencial é o refeitório. Todos têm o seu e eles não são nada parecidos com as cafeterias da minha juventude. Não, o refeitório do Timothy Dwight College, onde George vivia, era tão parecido com o salão principal de Hogwarts que vou continuar comparando tudo com Harry Potter. Esse foi o primeiro lugar que George quis me mostrar depois que deixei as malas no quarto.

Foi especialmente difícil ser rabugento enquanto eu passeava pelo campus de Yale com George, porque sentia muito orgulho do rapaz que ele se tornou. Acho que ele não chegou a dizer nem cinco palavras nos primeiros dias em que o segui para a escola; agora, aquele garoto tão tímido me apresentava a todo mundo por quem passávamos, oferecendo uma biografia elogiosa rápida sobre cada pessoa com as habilidades sociais de um político. Era nítido que George adorava Yale. Adorava. E era por isso que eu conseguia sentir a tristeza, a incerteza e a ansiedade latente pelo conhecimento de que aquilo tudo acabaria em algum momento no futuro próximo. Faltando apenas um mês para seu mundo inteiro mudar, a nostalgia adiantada havia se transformado em um pânico palpável. Não apenas o fim da faculdade levaria embora a rede social imensa, ativa e estável que ele havia construído como também encerraria o único caminho previsível que foi prometido a ele e seus colegas de turma – se você fizer seu dever de casa, vai tirar boas notas.

Para George e os outros, entrar em Yale tinha sido a maior conquista da vida. Todos os estudantes que conheci eram claramente esforçados, estudiosos, perfeitinhos. Agora que encaravam o mundo real vindo acelerado na sua direção, eram obrigados a refletir sobre como aplicariam toda a sua dedicação em ambientes onde conquistas eram menos mensuráveis.

George estava perdido quando se tratava de falar sobre o futuro; sempre que conversávamos, ele mencionava um plano novo. E, se você quiser ver um estudante perfeitinho em pânico, puxe assunto quando ele achar que não está acompanhando o ritmo dos colegas de classe. Em uma universidade cheia de alunos dedicados, esses sentimentos aparecem com frequência.

Como um adulto que passou por tudo isso e sobreviveu, acho meio inspirador observar jovens colocando tanta pressão sobre si mesmos.

Quando nos encontramos na manhã seguinte, Laurie Santos, a professora com quem vim conversar, descreveu essa sensação adulta para mim em termos muito simples. Ao explicar sua motivação para criar o curso que imediatamente se tornou o mais popular nos 300 e tantos anos de história da Universidade Yale, ela a descreveu como um desejo de berrar apenas uma palavra para os alunos:

"Relaxem."

◄◄ ►►

Conheci Laurie na sala de estar do Silliman College, onde ela morava com o marido. Havia dois anos que tinham se mudado para lá, quando ela se tornou diretora do colégio residencial e logo se viu ocupando o papel de mãe suplente de quase 500 alunos. Foi então que surgiu sua vontade de berrar.

Laurie é professora de psicologia, mas é especializada nas interações entre primatas não humanos. Porém os universitários acabaram se mostrando uma espécie completamente nova e ela me contou que ficou chocada com a maneira como eles pressionavam a si mesmos, ficando estressados, acabando com seu sono e sua saúde mental, coisas que, em conjunto, minavam sua felicidade.

Laurie tem a minha idade, mas passaria por uma universitária. Seu cabelo cacheado é castanho-escuro e ela tem o tipo de rosto tranquilo e amigável que convida as pessoas a baixar a guarda e começar a confessar. Pelo menos foi isso que aconteceu comigo, já que passei boa parte do nosso tempo juntos tagarelando sobre como o estresse de George e seus amigos me causava estresse.

Ela havia feito graduação em Harvard, então não era ingênua sobre a realidade de ser aluna de uma instituição como aquela. Mas acreditava que o problema tinha piorado muito e havia pistas sociais para justificar essa crença, como o aumento alarmante das taxas de ansiedade, depressão e suicídio por todo canto.

– Enquanto sociedade, estamos seguindo um caminho que não é o ideal e que precisa acabar – declarou. E foi então que se virou para mim e, com uma voz treinada e tranquilizadora, me disse o que eu tinha ido ali para escutar: "As pesquisas da psicologia têm a resposta para a felicidade."

Ela me contou que, quando começou a estudar as pesquisas e planejar o curso, se baseou na ideia de que acreditamos em uma informação básica errada sobre aquilo que traz felicidade. Nós a buscamos através de circunstâncias externas: aquela ideia de que bastaria conseguirmos tirar uma nota melhor ou ganhar mais dinheiro ou comprar uma casa mais bonita e assim por diante.

Para se contrapor a isso, ela reuniu trabalhos sobre psicologia positiva e mudanças comportamentais, aplicando-os para criar um curso em que "pretendia reescrever a maneira como os alunos encaram a busca pela felicidade. E sabemos, pela psicologia, que os fatores principais para a felicidade estão ligados a interações sociais propositais. Pessoas muito felizes passam tempo com outras pessoas".

Quero fazer um intervalo aqui para dizer que foi muito esquisito escutar isso tudo, porque Laurie Santos não fazia a menor ideia sobre o que estava acontecendo comigo nem sobre a minha jornada. Sim, mencionei que o estresse de George me preocupava, mas, fora isso, eu não passava de um jornalista fazendo outra entrevista, algo que não era nenhuma novidade para ela, porque é claro que Laurie acabou se tornando queridinha da mídia. Só estou explicando essa parte para me parabenizar por ter mantido a compostura profissional e me controlado, sem interrompê-la o tempo todo para gritar "Isso aí!".

O curso "Psyc 157", Psicologia e a Vida Boa, se tornou um

fenômeno no instante em que foi anunciado. Cerca de 1.200 alunos se matricularam na matéria quando ela foi disponibilizada naquele semestre. É quase um quarto dos alunos de graduação em Yale. Um deles foi George.

A quantidade de inscrições no curso de felicidade, como todos passaram a chamá-lo, foi tão inédita que as aulas precisaram ser transferidas para o Woolsey Hall, um auditório que parece uma catedral, geralmente usado para apresentações de orquestras sinfônicas. Para dar conta da quantidade de alunos, Laurie precisou contratar quase duas dúzias de assistentes.

Aproveitando a popularidade, Yale logo começou a produzir uma versão online chamada The Science of Well-Being (A ciência do bem-estar). Quando conversei com Laurie, fazia um mês que o curso havia sido lançado e já tinha sido assistido por 78 mil pessoas em 168 países.

A essa altura, não posso dizer que estava surpreso. Poucas semanas antes da minha viagem a Yale eu tinha ido a Austin, no Texas, para participar de uma mesa-redonda sobre solidão e felicidade no festival South by Southwest. Enquanto caminhava pelo centro de convenções até a sala onde aconteceria minha apresentação, vi uma fila comprida serpenteando pelo corredor e, sendo naturalmente fofoqueiro, perguntei por quem estavam esperando. O festival é repleto de palestrantes famosos. Quase tive um ataque cardíaco quando descobri que as pessoas estavam esperando pela minha mesa-redonda, que lotou tão rápido que os organizadores marcaram um segundo evento para o mesmo dia.

No caso de Laurie Santos, era fácil ver que havia mercado para o produto que ela vendia. Mas *o que* exatamente ela estava vendendo?

◄◄ ►►

Algumas horas depois de conversar com Laurie, segui com George e alguns dos seus amigos para uma aula de Psicologia e Vida Boa. O Woolsey Hall é um espaço incrível e, depois de sentar com a galera dele no térreo, decidi que queria uma vista mais abrangente e passei para o balcão circular que cerca o auditório, torcendo para ver como aquela colônia imensa de estudantes reagia ao sermão da professora.

Porém, quando a aula começou, percebi o problema no meu plano na mesma hora. Quase não havia gente lá.

Enquanto Laurie caminhava pelo grande palco, usando um microfone sem fio e indo de um lado para outro diante de uma tela gigante, mais parecia que eu estava assistindo a uma palestra do TED do que a uma aula de faculdade. Aquele era o 18º encontro do curso e se concentrava em sermos "escravos dos nossos hábitos", insistindo na ideia de usarmos deixas positivas como uma forma de "hackear" esses hábitos. A apresentação era uma mistura de aula tradicional de psicologia, mergulhos profundos nas pesquisas e um seminário de autoajuda, que incluía as "dicas profissionais de psicologia" de Laurie e "requisitos de reconfiguração", que eram tarefas reais para cortar os hábitos ruins e criar novos.

Mas onde estavam os alunos? Contei cerca de 200 pessoas, o que significava que 1.000 tinham matado aula. O lugar estava tão vazio que chegava a ser desconfortável.

Tenho duas teorias. A primeira e mais otimista é que os alunos seguiram mesmo os conselhos de Laurie. Como ela havia me contado e George confirmou com entusiasmo, sua tarefa mais popular foi sugerida no começo do semestre, sobre o tema "abundância de tempo".

Para a aula, ela esperou todos os alunos se sentarem antes de informar que não haveria apresentação naquele dia. Em vez disso, eles deveriam usar o tempo livre inesperado de forma criativa, com algumas regras. Nada de dever de casa nem de telefones. O objetivo era que levantassem das cadeiras e fizessem algo, de preferência juntos.

O aluno médio de Yale vive em um estado perpétuo de "fome de tempo", então a notícia foi recebida com certo drama. Laurie me contou que dois alunos diante dela imediatamente começaram a chorar. Pela maneira como George descreveu o evento – esse presente de duas horas de tempo livre –, era como se ele tivesse encontrado água no meio do deserto.

Os alunos saíram em grupos e fizeram várias loucuras ou absolutamente nada. Vários afirmaram ter voltado para o quarto e tirado uma soneca gloriosa. Então o experimento recebeu um acréscimo inesperado quando Yale anunciou que cancelaria as aulas do dia seguinte por causa de uma nevasca. Novas amizades foram formadas. Novos lugares foram explorados. Bonecos de neve foram construídos. Muitos dos alunos passaram a noite toda juntos.

Então, enquanto eu estava no balcão contando os estudantes nos dedos, era possível que os alunos ausentes estivessem apenas praticando a abundância de tempo e potencialmente se dedicando ao seu projeto de fim de curso: acrescentar à sua rotina algo não relacionado aos estudos – como meditação, exercícios físicos ou até mais tempo de sono.

Essa era a minha visão otimista sobre por que o lugar se tornara uma cidade-fantasma. A segunda opção, que eu temia ser mais provável, era que a "felicidade" tinha se tornado a aula que todo mundo matava. E, como estamos falando de Yale, eu suspeitava que os alunos não estivessem usando sua abundância de tempo para autocuidados, mas para se estressarem com as merdas que os fizeram se inscrever em um curso de felicidade, para começo de conversa.

Quando a aula acabou, fui almoçar com George e alguns dos

outros alunos e sua avaliação do curso foi bem desanimada. Eles gostavam do material, mas não adoravam, e a sensação geral era que tinham captado os pontos mais importantes logo no começo. As aulas eram úteis, eles concordavam, mas pareciam classificá-las como o tipo de informação que era "bom saber". Os alunos com certeza não acreditavam que o conteúdo os ajudaria a conseguir um bom emprego ou uma vaga em uma boa pós-graduação. Sabe, as coisas importantes.

⏪ ⏩

Algumas semanas após a minha visita a Yale, fui à reunião de 25 anos da minha formatura no ensino médio e dois dias depois foi meu aniversário. A junção desses dois eventos trouxe à tona algo que eu ruminava desde o festival South by Southwest e que se apresentou de formas interessantes durante minha viagem a New Haven. Mesmo assim, foi essa combinação de reencontros com aniversário que me obrigou a finalmente formar uma opinião sobre algo que muitas pessoas me perguntavam: o papel das redes sociais nas amizades e na solidão.

Evitei esse assunto na minha matéria original e fugi dele desde então, geralmente argumentando ainda não ter encontrado informações conclusivas. Alguns estudos mostravam que as pessoas que se sentem mais solitárias ou socialmente isoladas passam mais tempo na internet do que as outras. Um estudo publicado na *American Journal of Preventive Medicine* em 2017 observou que os jovens adultos que mais usavam redes sociais, com mais de 50 acessos por semana, tinham três vezes mais chance de se sentirem socialmente isolados do que aqueles que acessavam a internet nove vezes por semana ou menos. Porém existe um problema do tipo "ovo ou galinha" nessas pesquisas.

Não ficava claro se as redes sociais faziam as pessoas se sentirem solitárias, o que significaria que elas são prejudiciais, ou se elas já se sentiam sozinhas e por isso entravam nas redes em busca de conexão, algo que as tornaria benéficas.

Deparei com essa pergunta em várias entrevistas e mesas-redondas e sempre saí pela tangente, argumentando que não havia evidências convincentes para nenhum dos lados, então cada pessoa poderia decidir o que era saudável para si mesma. Era apenas uma forma indireta de dizer que eu não conseguia entender se as redes sociais eram saudáveis para mim.

Naquela noite, no dormitório de Yale, George fez uma piadinha sobre eu ser velho e respondi:

— Nem me fale, minha reunião de 25 anos de formatura no ensino médio é daqui a duas semanas.

Um dos amigos de George estava com a gente e comentou que tinha uma teoria sobre o Facebook ter acabado com a graça dessas reuniões, porque todo mundo sabia o que os outros estavam fazendo na vida. Várias lâmpadas se acenderam na minha cabeça e havia muito para digerir, mas a conversa mudou de rumo e me esqueci do assunto. Então, no dia seguinte, enquanto conversava com Laurie Santos, ela mencionou que alguns de seus alunos tiveram uma revelação acidental. Em uma aula, ela citou um estudo que mostrava que pessoas que largam as redes sociais afirmam ser mais felizes e esses estudantes dedicados erroneamente entenderam que tinham recebido a tarefa de sair das redes sociais. Quando relataram os resultados do dever de casa acidental, a conclusão foi a mesma: eles se sentiam mais felizes.

A minha experiência com redes sociais parece ser bem comum. Se eu tivesse que montar um gráfico das minhas emoções ao longo do tempo, ele mostraria um pico inicial – "Reencontrei tantos amigos! Que negócio legal!" – e então uma descida lenta e estável até "Isto aqui é um buraco do inferno que vai acabar com a sociedade!". Havia vários motivos para minha mudança de opinião, mas boa parte se devia à decepção pessoal por ter me condicionado a verificar as redes sociais sempre que eu encostava no telefone. Era a versão pavloviana de abrir a geladeira quando você está entediado, e não com fome. Porém, mesmo com todos os males das redes sociais, a sensação instantânea de que eu não estava mais sozinho sempre que a tela ligava era inegável.

O reencontro da escola chegou e nem pensei muito no assunto. Eu não estava nervoso, ansioso nem nada. Sim, seria legal encontrar meus amigos. Mark e Rory estariam lá, assim como alguns outros que ainda faziam parte dos meus 150. Mas, mesmo com eles, que com certeza eu não via o suficiente, a reunião parecia um evento artificial para conversar sobre coisas que não precisavam ser conversadas. Eu os via no Facebook. Sabia onde trabalhavam e quais eram os nomes dos seus filhos. Só que eu sabia mais ou menos os mesmos detalhes sobre muitos dos meus colegas que estavam bem distantes dos 150, incluindo alguns que eu não via desde que saímos da escola. Isso fazia com que perguntar amenidades básicas parecesse desnecessário, mas conversas profundas continuassem complicadas, ainda mais naquele ambiente. Então, em resumo, eu disse "Que legal te ver, você não mudou nada" umas 200 vezes e voltei para minha casa.

Na manhã seguinte fiquei decepcionado pelo evento não ter se tornado uma oportunidade maior. O problema era comigo? Seria com eles? Seria com todos nós? Era a véspera do meu aniversário, o que significava que eu tinha 24 horas antes de começar a receber todas aquelas mensagens pessoalmente impessoais de "Muitas felicidades" no Facebook. Portanto, quando entrei no site naquela manhã e vi aquela pergunta ridícula, "Em que você está pensando, Billy?", pensei em uma resposta ridícula.

"Como o Facebook logo irá informar, amanhã é meu aniversário", escrevi. "Em vez de escrever uma mensagem na minha página, eu adoraria receber um telefonema seu. Sim, seu. Já faz tempo demais que a gente não se fala."
No dia seguinte, quase 50 pessoas atenderam meu pedido, o que foi muito emocionante. Demorei semanas até conseguir retornar as ligações de todo mundo.
Outras 134 escreveram "Muitas felicidades" na minha página. Nunca me dei o trabalho de responder. Em vez disso, desativei meu Facebook.

◄◄ ►►

Em uma semana, fiz uma limpa no Twitter (que, tecnicamente, preciso manter por causa do trabalho). Eu teria feito o mesmo com o Instagram, mas ele já estava vazio, porque nunca cedi a esse vício. Então dei um passo para trás e admirei meu celular, que agora estava mais parecido com uma ferramenta para produtividade, não para distração.
Eu não fazia ideia se minha atitude me deixaria feliz ou triste, se faria com que eu me sentisse mais ou menos conectado. Sim, eu sabia que estudos indicavam que as pessoas relatavam um pico de felicidade geral depois de abandonar as redes sociais, mas isso não fazia diferença. Laurie Santos chama essa ideia de "A Falácia dos Comandos em Ação" e foi a melhor coisa que aprendi com ela.
Se você tiver certa idade, talvez se lembre dos desenhos *Comandos em Ação*, que sempre terminavam com um personagem dando alguma lição de moral e concluindo com: "Agora você sabe e saber já é meio caminho andado." Nunca pensei muito nessa frase antes de sentar com Laurie e ela dizer que era uma baboseira.

– Saber *não é* meio caminho andado – ela quase gritou para mim. – Você precisa se colocar em situações melhores. Isso não é algo que recebemos de graça só por sabermos de alguma coisa.

Essa declaração me acertou com tudo, porque eu tinha mania de achar que saber das coisas era uma grande conquista. Em quase tudo que tentei ou observei na minha empreitada quixotesca em busca da amizade, sempre saí das situações sentindo como se pelo menos tivesse aprendido alguma coisa. Tentei criar muitas situações, porém vários eventos grandes foram exceções, momentos especiais; não foram mudanças importantes baseadas em informações que eu tinha.

Por mais que me isolar do meu grupo virtual fosse assustador, confiei no que eu sabia e me arrisquei. Se quisesse ser mais feliz, não conseguiria isso de graça.

A perda do contato pela internet imediatamente amplificou duas emoções primitivas e negligenciadas dentro de mim. Primeiro, fui reintroduzido ao tédio. Foi triste descobrir quanto tempo eu dedicava a ficar arrastando a tela das redes sociais com meu dedão. Sem isso e cheio de tempo livre, me reconectei com o mundo improvisado do tédio e me peguei fazendo coisas esquisitas, tipo olhando pela janela e pensando na vida.

O segundo impacto emocional importante de abandonar as redes sociais foi a saudade que senti dos meus amigos. Sei que é fácil desmerecer as redes sociais como um espaço para as pessoas contarem o que comeram no jantar, mas elas podem ser muito mais úteis. Eu já havia eliminado boa parte da poluição dos meus *feeds*, então os amigos que "via" todos os dias eram aqueles que me faziam rir, aprender e pensar. Eu não estava pronto para perder isso para sempre, portanto acabei em uma situação interessante. A única forma de ter aquelas pessoas de volta na minha vida seria me reconectando com elas de verdade.

Oito

Parado diante do espelho do banheiro masculino lotado no aeroporto O'Hare, em Chicago, ajeitei a peruca que tinha acabado de tirar da mala. Continuei arrumando meu disfarce enquanto observadores desconfiados me lançavam olhares de soslaio e se perguntavam se deveriam chamar a segurança.

 Quando tudo estava no lugar – suéter cinza dentro da jaqueta jeans por cima da calça jeans, tudo agora coberto por uma capa de chuva amarela –, pendurei uma chave com formato de caveira em um cordão de couro no pescoço e admirei o conjunto da obra no espelho.

 Na minha cabeça, eu tinha imaginado que o momento seria mais glorioso do que estava sendo. Obviamente, esse é um problema que ocorre com frequência na minha vida. Em vez de ficar parecido com o Mikey de *Os Goonies*, o melhor filme infantil da minha geração, eu parecia um cara viciado em jeans, com uma peruca ridícula e uma capa de chuva feita para um gigante. Mas, quando você se compromete com uma ideia absurda, não faz sentido voltar atrás; isso seria absurdo.

Andei rápido pela multidão no O'Hare com aquele passo inconfundível que anuncia "Não prestem atenção em mim" – uma tentativa fadada ao fracasso – enquanto procurava meu voo para Salt Lake City. Meu amigo Matt se encontraria comigo no aeroporto e minha expectativa era que ele aparecesse fantasiado de Brand, o irmão mais velho de Mikey.

Fazia dois anos que eu não via Matt, desde que me despedira dele e de duas das minhas unhas do pé depois da Maratona de Chicago. Ele morava nas proximidades de Chicago, no bairro residencial que foi cenário dos filmes de John Hughes. Talvez eu tenha tido uma pequena crise histérica quando Matt me mostrou a torre de água que foi pintada com as palavras "Salve Ferris".

Então combinei fazer a conexão no O'Hare para Matt e eu pegarmos um voo juntos para Utah e encontrarmos os outros caras que, no momento, sobrevoavam algum canto dos Estados Unidos se perguntando por que me escutaram quando eu disse que tinha descoberto uma atividade que me permitiria aplicar tudo que aprendi sobre os segredos da amizade masculina, uma aventura que nos uniria de forma tão perfeita que pareceria ter sido bolada por psicólogos sociais.

Cheguei ao terminal antes de Matt e tentei não chamar atenção enquanto me esforçava para não sufocar acidentalmente nenhuma criancinha com a minha capa de chuva enorme. Depois de um tempo, vi Matt saracoteando na minha direção, descendo um corredor longo – ele é de Oklahoma e simplesmente se recusa a caminhar mais rápido do que a velocidade permitida por botas de caubói, não importa os sapatos que esteja usando – e, na espera interminável, ficou nítido que a única fantasia que ele usava era a de um pai de classe média que trabalha no mercado tecnológico. Lembro de ter visto um colete de lã.

– Você está ridículo – disse ele enquanto me dava um abraço envolvendo 4 metros quadrados de capa de chuva.

– Cadê a sua fantasia? A gente vai participar de uma caça ao tesouro. Precisamos estar vestidos de Goonies – questionei.
– Está na minha mala. Não achei que a gente já fosse vestido no avião.
– Onde você achou que a gente fosse se fantasiar? Não vou me enfiar no mato para vestir esta porcaria.

Matt prometeu que vestiria sua fantasia de Brand quando aterrissássemos em Salt Lake City e seu erro gravíssimo foi perdoado quando, ao embarcarmos, ele me informou que havia baixado *Os Goonies* para assistirmos no voo. Fizemos isso mesmo, gargalhando sempre que o personagem Chunk abria a boca.

Quando as montanhas Rochosas, nosso destino final, surgiram nas janelas do avião, tirei meus fones de ouvido e informei Matt pela nonagésima oitava vez:

– A gente vai achar o tesouro.

Naquele momento, eu acreditava de verdade nisso.

Matt se inclinou por cima de mim para olhar pela janela.

– Só espero que você não mate a gente – disse ele.

⏪ ⏩

De que estou falando? Que bom que você perguntou, porque estou obviamente empolgado para explicar, mas primeiro quero reconhecer e talvez pedir desculpas pela minha empolgação. Minha personalidade é assim, segundo minha tia Maria e um negócio chamado eneagrama. Acho que eu nunca tinha ouvido falar de um eneagrama antes, mas um dia minha tia Maria declarou que eu era um "sete" e que ela sempre soube disso. Ela esperou meu aniversário de 42 anos passar antes de anunciar esse fato, fazendo isso depois que apareci em uma festa de família com meu skate novo. Eu e Rory tínhamos decidido comprar skates para nossos aniversários porque, se conseguíssemos aprender a virar um skate, poderíamos usar essa habilidade parar virar pranchas de surfe.

Pode parecer uma ideia ruim dar a si mesmo um skate como presente de aniversário de 42 e 43 anos, respectivamente, quando você nunca andou de skate na vida, e estou aqui para informar que é mesmo. Beijar o asfalto não combina com cabelos grisalhos. Mas a festa de família aconteceu na casa da minha prima, que fica em uma rua tranquila e levemente inclinada, então coloquei o skate no carro e saí de fininho quando ninguém estava prestando atenção. Minha tia Maria me viu pela janela e foi para a frente da casa berrar qualquer coisa sobre o número sete.

Quando li sobre o eneagrama – um tipo de teste de personalidade – e a descrição do número sete, o Entusiasta, achei que alguém tivesse me espionado. Porque ele definia todos os sintomas da minha vida em termos simples. Nem me dei o trabalho de fazer o teste. Eu sou um sete e não faz sentido inventar desculpas por coisas que você não pode mudar. Além do mais, dizer que sou um "entusiasta" é uma forma mais elegante de explicar algo que minha mãe sempre chamou de o meu "problema com o monociclo". A expressão surgiu de uma famosa história da minha infância, de quando *eu precisava ganhar* um monociclo, mas nunca aprendi a andar nele porque me distraí com qualquer entusiasmo que veio depois. Acabou sendo melhor assim, porque andar de monociclo na infância é um forte sinal de que você terá um rabo de cavalo na vida adulta.

Contudo, meu entusiasmo pela aventura para a qual eu arrastava Matt e dois amigos da faculdade não é algo que precise de justificativa. Não, tenho certeza de que essa atividade me renderia algum prêmio Nobel, porque ela se encaixava tão perfeitamente em tudo que aprendi sobre amizades e conexões masculinas que parecia ter sido criada com aquele propósito. E foi, de certa forma.

Em 1988, um rico comerciante e colecionador de antiguidades do Novo México chamado Forrest Fenn foi diagnosticado com um câncer supostamente terminal e teve a ideia de se enfiar nas montanhas Rochosas com seus maiores tesouros. A segunda parte do plano era cair morto. A pessoa que encontrasse seu corpo ficaria com a bolada.

O esquema foi por água abaixo, para sua surpresa, quando ele venceu o câncer. Mas a ideia nunca foi esquecida. Então, 22 anos depois, aos 80 anos, ele seguiu para suas amadas montanhas e escondeu um baú cheio de moedas de ouro e bugigangas avaliadas em milhões de dólares. Para encontrar o tesouro, era preciso desvendar um poema enigmático que ele publicara em sua autobiografia. Como se precisar ler um poema já não fosse ruim o suficiente, as pistas envolviam declarações maravilhosamente vagas, como "Comece onde águas quentes são interrompidas" e "Não há como remar contra a corrente do seu rio".

Desde a publicação do poema idiota, estima-se que mais de 100 mil pessoas, provavelmente todas formadas em Letras, tenham se convencido de que decifraram o poema e partido em busca do tesouro de Fenn nas imponentes montanhas que abrangem os estados americanos de Montana, Wyoming, Colorado e Novo México. Centenas de aventureiros pediram demissão dos seus empregos para fazer isso em tempo integral. Cinco morreram em busca do tesouro (expliquei para os meus amigos que essas mortes foram fatalidades clássicas de lugares remotos, como se isso as tornasse mais palatáveis). Mas ninguém o encontrou, pelo menos até a época em que saímos em busca dele. Mais tarde, Fenn anunciaria que um cara "do Leste" teve sucesso, mas se recusou a dizer exatamente onde o tesouro estava escondido, apenas aumentando a desconfiança de muitos de que a história toda havia sido uma farsa.

A sugestão de sair em uma caça ao tesouro veio do meu irmão

caçula, Jack, que é a única pessoa que eu conheço que gosta tanto dessas tramoias quanto eu. Mas nosso plano de ir com dois primos deu errado antes mesmo de sair do papel. Mesmo assim, não consegui abandonar a ideia. Quanto mais eu pensava naquilo, mais coisas pareciam se encaixar.

Naquele momento específico da minha jornada, eu estava no meio de um longo período de leituras e pesquisas confusas. Eu descolara da minha parede os 150 Post-its com nomes de pessoas e os substituíra por Post-its com temas recorrentes que eu sempre encontrava. E, toda vez que passava os olhos por eles, aquela busca ao tesouro maluca parecia ser o elemento que conectava todos.

O fator básico era que ela envolvia uma atividade física. Primeiro passo para os homens. Porém havia muitos outros temas na atividade, como caça. Sim, há milênios que os homens fazem amizade enquanto caçam animais, e não, nós não mataríamos ninguém naquela situação. Talvez só nós mesmos. Mas, mesmo assim, sairíamos para caçar. Nós também estaríamos criando uma tradição, porque eu já tinha declarado que aquilo se tornaria uma viagem anual caso, por uma fatalidade, não encontrássemos o tesouro.

Aqui vai outro tema recorrente da amizade entre homens: a busca pela riqueza. A frase "Podemos ficar ricos" aciona nos homens uma reação parecida com a de um golden retriever ao escutar o som da sua coleira sendo puxada do gancho na parede. Os homens praticamente se babam todos para gritar "Eu vou junto!" quando descobrem qualquer sinal de dinheiro fácil. (As mulheres também desejam riqueza, mas possuem a inteligência de saber que essas porras nunca dão certo.)

Quando acrescentamos um toque de perigo, com a necessidade real de cuidarmos uns dos outros nas montanhas, uma pitada da estupidez ridícula de homens adultos fantasiados de

Goonies, e levamos em conta que o evento exigiria uma viagenzinha por estrada em um carro alugado, eu tinha encontrado uma mina de ouro metafórica que certamente se transformaria em ouro de verdade assim que a gente entendesse aquela porcaria de poema.

Não quero ouvir argumentos de que foi uma ideia ruim. Não vamos classificar as coisas de boas e ruins. Em vez disso, é melhor separá-las em "boas e tediosas". E a caça ao tesouro não foi tediosa.

⏪ ⏩

Sob o olhar desconfiado de uma criança, Matt tirou sua fantasia de Brand da mala ao lado da esteira de bagagens do aeroporto de Salt Lake City. Ele foi ao banheiro para trocar de roupa enquanto eu tentava usar a força do meu pensamento para comunicar à criança que ela não devia puxar o alarme de incêndio. Quando Matt voltou do banheiro, a criança ficou ainda mais confusa com a minha empolgação. Matt tinha acertado em cheio – blusa cinza com as mangas cortadas, calça de moletom cinza com um short azul por cima, uma bandana vermelha na testa e a cereja no topo do bolo: um daqueles negócios usados para alongar o peito que existiram na cultura fitness por um período de cinco anos antes de todo mundo perceber que parecia um idiota usando aquilo. Não sei como ele encontrou o apetrecho nem por que ainda o fabricam, mas Matt tirou nota 10 pela fantasia. Então fomos procurar o Danimal em meio à multidão.

Foi fácil encontrá-lo, porque ele usava sua fantasia de Chunk. O Danimal sempre topa tudo, especialmente quando tem que usar uma roupa boba e ninguém precisa pedir duas vezes para ele comprar uma camisa havaiana vermelha. Dan tem um armário cheio de camisas idiotas com frases tipo "Eu sou Dantástico" e chama sua casa, em Phoenix, de Dandalay Bay.

No meu primeiro ano de faculdade, eu e Dan fomos aleatoriamente colocados no mesmo quarto e ele sabe muito bem que fiquei decepcionado quando recebi a carta informando que, apesar de eu ter tomado a decisão um tanto ousada de abandonar um bairro irlandês em Boston para fazer faculdade em Nova Orleans, com sua cultura completamente diferente, meu colega de quarto seria um cara de Connecticut com um sobrenome irlandês. Eu queria alguém que se chamasse Boudreaux ou Guillaume; em vez disso, arrumei um McCollum que morava a uma hora e meia de distância de mim.

Mas agradeço ao universo por esse acidente, porque o Danimal é um dos seres humanos mais amáveis do planeta Terra e quase imediatamente foi elevado ao status de lendário na faculdade (e eu, por ser seu colega de quarto, peguei carona na sua fama) quando conseguiu fazer algo que deve ter sido a maior façanha já alcançada com uma bola de futebol americano: quase destruiu um dormitório de 12 andares. Ele estava brincando de jogar a bola no corredor diante do nosso quarto, no décimo andar, quando acertou um *sprinkler*. De algum jeito, isso quebrou o cano de água principal, fazendo com que uma enchente bíblica começasse a jorrar do teto bem na frente da nossa porta. Graças à lei da gravidade, a água fez um ótimo trabalho em estragar praticamente tudo nos andares inferiores, interditando o dormitório todo por dias. Contei essa história quando fui seu padrinho de casamento.

Agora tínhamos Mikey, Brand e Chunk passeando por um aeroporto em busca de Mouth. Mas não encontramos Mouth; em vez disso, achamos Rob, que nos cumprimentou dizendo:

– Achei que vocês estivessem brincando com a parada das fantasias.

Um comportamento típico de Rob. Pelo visto, as várias mensagens que trocamos sobre o plano, as fotos de nós preparando as roupas e a fotografia que mandei da loja em que encontrei uma jaqueta de couro cinza – literalmente a única coisa de que ele precisava – não conseguiram transmitir nossa seriedade sobre a ideia. Ninguém se surpreendeu por ele não estar fantasiado, porque a única fantasia que toparia usar é a de "mauricinho no Upper East Side". Ele só a troca nos meses mais quentes, quando vira o "mauricinho nos Hamptons". E, apesar de ter crescido nesses mundos, Rob faz parte deles ao mesmo tempo que não, já que é "pobre" segundo os padrões de pessoas capazes de dar uma tacada de golfe na janela do quarto e acertar os degraus do Metropolitan Museum of Art. Assim, ele virou um cronista brilhante sobre os excessos ridículos dos ricos, meu F. Scott Fitzgerald. Ele me ensinou sobre a Brooks Brothers e a diferença entre Palm Beach e West Palm Beach, uma informação aparentemente essencial. E também foi agraciado com a característica estranha de ter sido muito parecido com Jon Stewart na juventude, mas estar ficando a cara de Stephen Colbert conforme envelhece. Rob já foi confundido com os dois. Entre os meus amigos, ele é conhecido por outra metamorfose: o momento em que, durante noites memoráveis, deixa de ser Rob e se torna "Bob", facilmente identificável quando você olha nos seus olhos e percebe que não está mais lidando com um ser humano, mas com um animal selvagem. Eu estava torcendo para Bob aparecer na viagem, porque fazia um tempo desde a última vez que fugi da polícia ou me escondi embaixo de uma cama, com medo. Meu Deus, como eu amo esse cara. Eu amo todos eles. Faz tanto tempo que a gente não se vê. Vamos encontrar o tesouro!

◄◄ ►►

Nosso destino era West Yellowstone, Montana, bem na fronteira com Wyoming e a entrada noroeste para o Parque Nacional de Yellowstone. Minhas habilidades de poeta especialista diziam que era lá que encontraríamos o tesouro, perto do leito de um rio seco chamado Brown's Creek.

O trajeto entre Salt Lake City e West Yellowstone durava seis horas de carro, boa parte passando por Idaho. Essa era a minha primeira visita ao estado e não me decepcionou, porque, se você me pedisse para fechar os olhos, imaginar Idaho e dizer a primeira coisa que surgisse na minha mente, eu diria: batatas. É claro que existem muitas montanhas majestosas, rios e outras belezas naturais em Idaho, mas nada é tão potente quanto o lobismo da indústria local de tubérculos, me dando a certeza de que uma batata de Idaho é o amido marrom sujo mais gourmetizado que eu poderia enfiar na boca. E foi por isso que o momento mais memorável da viagem foi quando passamos por uma placa na estrada avisando que estávamos nos aproximando do Museu das Batatas de Idaho, na cidade de Blackfoot.

O Museu das Batatas de Idaho fica em uma estrutura baixa de tijolos que pode ser confundida com uma parada de estrada e é de uma cafonice perfeita, com a estátua de uma batata gigante na frente. Lá dentro há muitas informações importantíssimas sobre a história das batatas, além de uma família de batatas robóticas assustadoras. A pessoa que projetou o museu tinha senso de humor suficiente para entender que estávamos falando de batatas, então o lugar também abriga o Maior Chip de Batata Frita do Mundo, que mede 63 por 35 centímetros e sobrevive em sua caixa de vidro desde 1991, quando foi produzido pela fábrica da Pringles. Infelizmente, a batata exibia duas rachaduras, mas achei que isso apenas faz parte da sua beleza, como um Sino da Liberdade feito de batatas desidratadas processadas.

A viagem rápida de carro mais do que cumpriu sua obrigação como um dos marcos da união masculina, porque não há nada como dividir um carro com seus camaradas quando ninguém sabe onde está. Nós tínhamos muito assunto: Rob havia acabado de ter a primeira filha, uma menina, e estava todo bobo; Dan estava prestes a começar terapia de casal e o aconselhamos a não iniciar a primeira sessão com a frase "Ela precisa parar de palhaçada", como ele nos disse; e Matt agora trabalhava para a Apple, que é como trabalhar para a Fantástica Fábrica de Chocolate Digital de Willy Wonka, então fizemos um interrogatório sobre como eram as coisas por lá. Mas foi só quando saímos do carro e entramos naquele museu de batatas que o clima voltou a ser como antigamente, porque museus bobos exigem um comportamento bobo. Não demorou muito para sentirmos como se o tempo não tivesse passado, para voltarmos a ser o grupo que éramos na época da faculdade, com mais ou menos o mesmo nível de maturidade. E essa maturidade chegou ao auge na loja do museu, na hora de irmos embora, quando o senhor gentil atrás do balcão perguntou de onde nós éramos e nos informou que ofereciam "tubérculos grátis para forasteiros", presenteando cada um de nós com uma caixa de uma mistura em pó para fazer batatas fritas chamada Hungry Jack Original Hashbrown Potatoes, cuja embalagem alegava com orgulho ser feita "100% DE BATATAS DE VERDADE" produzidas em Idaho. Quando a vida oferece um motivo inocente para você dar risada com os seus amigos, ela é boa, e ficamos todos felizes com nossos tubérculos grátis para forasteiros. Ao sairmos de Blackfoot, estávamos de tão bom humor que imediatamente paramos para tirar uma foto do grupo quando passamos por uma placa que dizia: "Tenho uma cobra chamada Gi e, às vezes, Gi boia." Idaho é um lugar peculiar.

⏮ ⏭

Finalmente, ao cair da tarde chegamos a West Yellowstone e mal conseguíamos enxergar as silhuetas das imponentes montanhas Rochosas enquanto procurávamos pelo chalé que alugamos nas cercanias da cidade. Na manhã seguinte, depois de tomarmos o café da manhã preparado pelo Danimal, que incluiu nossos "tubérculos grátis para forasteiros", atravessamos a fronteira de Wyoming para entrar no Parque Nacional de Yellowstone. A ressaca das cervejas da noite anterior começava a passar e compartilhamos aquele momento em que você acorda em um lugar novo – e esse lugar novo é uma das reservas naturais mais incríveis da face da Terra – e todos trocam um abraço coletivo silencioso que diz "Porra, como foi que a gente conseguiu chegar aqui?".

Passamos a primeira manhã dando uma volta de carro pelo lado nordeste do parque, conhecendo as atrações, o que significou visitar muitas coisas que tentam cozinhar você. Yellowstone fica dentro da cratera de um vulcão ativo, uma informação que eu provavelmente sabia ou soube em algum momento, mas era estranho redescobri-la em um passeio de carro, vendo vapor escapando por todos os cantos, um lembrete de que você realmente está dentro de um vulcão ativo, caso tenha se esquecido. A Caldeira de Yellowstone vai destruir todos nós se entrar em erupção algum dia, então, se você estiver lendo isto, as coisas continuam estáveis por lá. Durante a nossa visita eu verificava os jornais toda manhã e eles reafirmavam o fato de que aquele lugar queria nos matar. Havia histórias sobre dois caçadores diferentes que foram atacados por ursos. E uma matéria horrível sobre um cachorro que entrou em uma das piscinas termais e, então, o dono foi atrás do cachorro, depois um amigo foi atrás do dono. O amigo perdeu as pernas. Os outros perderam a vida.

Enquanto passeávamos pelo parque, compartilhávamos algumas informações que sabíamos sobre Yellowstone, incluindo o fato de que parecíamos saber pouquíssimo sobre Yellowstone. Parecia que nenhum de nós planejou a viagem. Todo o meu tempo de planejamento foi dedicado a tentativas de decifrar um poema com o Google Maps.

Após nossa manhã turística, atravessamos a fronteira de volta para Montana, em busca de um rio chamado Brown's Creek, porque, após uma vida inteira escrevendo segundo regras de manuais de redação, fiquei intrigado com o fato de a palavra "Brown", marrom em inglês, ter sido a única no poema escrita em letras maiúsculas, como se fosse um nome próprio.

Chegamos ao começo da trilha bem na frente do rio Yellowstone e, assim que paramos no estacionamento, Rob olhou para o terreno quase descampado que pretendíamos percorrer, umas colinas baixas cobertas por moitas rasteiras e poucas árvores, e declarou, cheio de autoridade:

– Aqui não é terra de urso.

Na noite anterior ele tinha dito que o spray repelente de ursos que eu e Dan compramos em uma loja por 50 dólares era desnecessário.

Fomos até o quiosque na entrada da trilha, a paradinha que exibe mapas e os avisos mais recentes sobre as criaturas assassinas que passeiam por ali em épocas específicas do ano, e quero deixar claro que nada ali dizia "Aqui não é terra de urso". Na verdade, a frase oposta havia sido estampada em madeira, pintada em letras amarelas no topo do quiosque, para o caso de os panfletos serem levados pelo vento e um babaca do Upper East Side ficar achando que ali "não é terra de urso". Rimos bastante da cara de Rob antes de seguirmos a trilha até o Brown's Creek, um caminho íngreme em zigue-zague. Aí encontramos algo que seria melhor não termos visto. Era uma carcaça de cervo, mas o uso dessa palavra talvez faça você imaginar um cervo mesmo. Não, aquilo era como se você pegasse um cervo feito de Lego e o derrubasse de muito alto. Havia cascos em várias árvores, ossos espalhados por um bom trecho, soletrando em hieroglifos yellowstoneanos que ali era, de fato, terra de urso, seu filho da puta.

Rob logo entrou na defensiva, mandando que eu fosse na frente com a minha lata de repelente de urso e o Danimal no fim da fila, com a outra lata, porque isso obviamente resolveria todos os problemas caso a gente se deparasse com uma das feras irritada. Seguimos pela trilha como a gangue do Scooby-Doo andando na ponta dos pés por uma sala escura, todos certos de que a morte estava prestes a dar as caras. A pior parte foi que o nosso destino, Brown's Creek, ficava bem fora da trilha e teríamos que abrir caminho com um facão por um trecho de mata espinhenta. (Forrest Fenn tinha insinuado que o tesouro não ficava perto de uma trilha, fazendo com que a escolha do Brown's Creek parecesse genial quando eu estava sentado diante do meu computador em casa, mas levemente suicida agora.)

Fomos andando devagar pelo mato, berrando "Oi, urso!" a intervalos regulares, porque todo mundo sabe que ursos não atacam ninguém que os chame pelo nome. No fim da fila, Dan amassava uma garrafa de plástico na esperança de não assustar a temida mãe com filhotes. E eu fiquei cada vez mais convencido de que Forrest Fenn era uma invenção do Banksy.

O clima estava quente demais para outubro, uma época geralmente amena nas montanhas Rochosas, e nós estávamos suando e ofegantes enquanto nos aclimatávamos à altitude seca, mas, no fim das contas, encontramos o Brown's Creek, ou pelo menos um lugar que parecia um leito de rio seco, e começamos a procurar para cima e para baixo, todos dedicados à tarefa estranha de buscar por algo, qualquer coisa que parecesse fora do lugar.

Ficamos obcecados pelo trecho do poema que dizia "Se você for sábio e encontrar a chama, trate de olhar para baixo e encerre a busca", apesar de não termos a menor ideia se aquilo significava, sei lá, uma placa na trilha, o sol ou qualquer outra coisa. Banksy é um escroto.

Após algumas horas subindo e descendo pelo leito do rio, estávamos de saco cheio e prontos para sair da cadeia alimentar, então voltamos para o chalé e dormimos enquanto assistíamos a um filme, como os velhos que somos.

⏪ ⏩

Na manhã seguinte, do nosso último dia inteiro, decidimos ser turistas e visitar o Old Faithful. Enquanto esperávamos pela erupção no pavimento que cerca o gêiser, um bisão chegou perto demais e ficamos torcendo para ele atacar os idiotas que se aproximaram ainda mais para tirar selfies. Quanto ao Old Faithful, não vou dar minhas impressões sobre esse ícone americano, mas direi que a infraestrutura turística ao redor fez tudo parecer um tanto artificial, como se houvesse engenheiros da Disney escondidos nos bastidores.

Em vez disso, prefiro transmitir a avaliação do Danimal.

– Nota um – declarou ele quando fomos embora. – Que decepção da porra. É só vapor. Não caiam nessa enganação. Aquela história de ejaculação enorme é mentira.

– Mas teve uma ejaculação enorme! – rebati.

– A parede do estádio do Red Sox é mais alta do que aquela merda. Não sei mais o que dizer. Minha avaliação é nota um.

Depois disso, nos dirigimos para uma barragem fora do parque, seguindo a pista "onde águas quentes são interrompidas". Não encontramos nada, mas você já sabia disso.

Porém, naquela noite, de volta ao chalé, sabendo que teríamos que ir embora ao amanhecer, a mágica aconteceu.

Eu estava procurando por uma despedida e a noite ganhou aquele clima diferente que você sente ao final de algo especial, uma saudade antecipada de uma ideia ridícula. Quer saber? Deu certo. Em todos os sentidos. Os anos passados desapareceram. Nós voltamos a ser os mesmos idiotas que éramos na faculdade. E, como seria apropriado, entramos no modo idiota total na última noite. A cerveja fluiu e fiz visitas demais à garagem para escolher as melhores lenhas da maior pilha de madeira seca a que já tive acesso. Os donos do chalé nos disseram para usarmos quanto precisássemos, então obviamente comecei uma partida reversa de Jenga na lareira externa, tentando empilhar a lenha o mais alto possível antes do Smokey Bear, um personagem usado em campanhas de proteção florestal, aparecer para me passar um sermão sobre os perigos de incêndios florestais.

Havia poucos chalés perto de nós e nenhum deles estava aceso, então fomos um pouco barulhentos e seguimos a rotina habitual de ligar bêbados para nossos outros amigos da faculdade e declarar "Eu amo vocês" com a voz arrastada ao redor da fogueira. Quando ninguém estava prestando atenção e com medo da hora em que teríamos que acordar no dia seguinte, saí de fininho para o beliche.

Não durou muito, porque eles me encontraram, acenderam a luz do quarto, arrancaram minha coberta, me chamaram de babaca, essas coisas. Consegui vencer uma vez, mas eles voltaram logo depois. E não dava para acreditar naquela porra... Eles voltaram com garotas. Professoras de 20 e poucos anos. Eu estava convencido de que era um sonho bêbado, mas não, elas eram reais e seguiram nosso sinal de fogo para ver o que estava acontecendo. Rob tinha se transformado em Bob há muito tempo e eu sabia que teria que lutar com ele para voltar a dormir, então peguei minhas roupas do chão e voltei a alimentar o fogo e a me meter em encrenca – e fico feliz. Porque aquelas moças, que moravam em Bozeman e estavam fazendo uma viagem de fim de semana, contaram tantas piadas ofensivas que ficou imediatamente claro que a moda do politicamente correto ainda não havia chegado à sua cidade. Qualquer imagem mental que eu tinha de "professora de Montana" – creio que ela envolvesse uma escola minúscula em um prado, com uma saia comprida sendo levada pelo vento – foi completamente virada de cabeça para baixo por aquelas mulheres, que bebiam e falavam palavrões como as moças sulistas da minha juventude.

Foi o final perfeito para o fim de semana, assim como o trajeto *à la* "Alguém pode dirigir, estou de ressaca" pelo majestoso Parque Nacional de Grand Teton e pelas planícies mórmons, no dia seguinte. Dan roncou o caminho todo. O carro fedia a fast food e peidos. Foi tudo tão idiota. Como se eu tivesse voltado à antiga casa da nossa fraternidade. E, se você se pegar dizendo "Fraternidades são ridículas", eu concordarei. A vida adulta é séria demais. Sinto falta de coisas ridículas. Preciso de coisas ridículas. Ser ridículo com seus amigos é certeza de felicidade.

Nós nunca encontramos o tesouro de Forrest Fenn. Duvido muito que ele exista.

Mas Fenn serviu para uma coisa: ele nos chamou para uma aventura. E, no processo, encontramos nosso tesouro.

É, foi isso mesmo que eu disse. E daí?

Nove

Quando meu voo aterrissou em Boston, o outono estava no auge: um momento glorioso quando as folhas ganham tons vibrantes e o clima é perfeito. O espetáculo dura exatamente 47 minutos antes de tudo se transformar na cor da morte e você precisar lembrar rápido onde guardou o ancinho e seu casaco de inverno e por que escolheu viver naquele clima.

Para piorar a situação, tirei licença do trabalho no jornal para me dedicar a este livro, o que significava que passava meus dias trancado no quarto de hóspedes da minha casa, lendo sobre solidão e pensando sobre solidão enquanto fazia a atividade mais solitária que conheço: escrever.

Depois de escapar para as montanhas Rochosas, para meus amigos, para aquele grande espaço a céu aberto fora do meu cérebro, agora estava condenado a viver dentro dele, encarando um cursor piscante e uma parede cheia de Post-its que aparentemente continham um caminho que eu deveria seguir. Do lado de fora da minha janelinha, o mundo congelava e morria a cada segundo.

Li muitas pesquisas. Enrolei para ler várias outras. Bolei planos ambiciosos que nunca executei e listas de mercado que obedeci, porque sair para fazer compras era minha rara tarefa fora-de-casa-e-da-porcaria-do-computador. Também fui bastante à academia, o que significava que chegava lá parecendo um Muppet tagarela que só lia notícias desanimadoras sobre nossas conexões sociais falidas, nitidamente precisando conversar com alguém.

Meu cérebro solitário havia sido tomado pela ideia de que a solidão poderia ser solucionada através de métodos sistemáticos e entusiasmados, porém os Post-its na parede eram sinais óbvios de um homem que buscava respostas. Que tal darmos uma olhada neles?

Começar um coral – Em algum lugar na pilha de pesquisas havia um comentário de Oliver Sacks defendendo que "nós, humanos, somos uma espécie tão musical quanto linguística". Encontrei esse trecho na fase da pesquisa em que queria entender mais sobre humanos e música, e tudo fazia muito sentido, sendo completamente assustador para um cara que foi expulso do coral da quarta série por ofender as artes sonoras. Pouco antes do recital de Natal, fui educadamente convidado a passar a apresentação sentado no balcão, longe dos microfones.

Mesmo assim, as pesquisas sobre usar a música para unir humanos eram inquestionáveis. Talvez ela seja a coisa que mais nos conecta, um mecanismo em nossa caixa de ferramentas que nenhuma outra espécie no planeta possui. Muitos animais sabem cantar ou algo assim. Mas os humanos são os únicos que cantam juntos.

Assisti a um vídeo de um coral cantando "Africa", da Toto, que é uma música famosíssima, mas nunca a escutei em um tom tão alegre. Os integrantes imitavam o som de gotas de chuva estalando os dedos de forma cuidadosamente coreografada; batendo as mãos nas pernas, imitavam a água caindo com força; e, pulando nos degraus, imitavam trovões. E eles pareciam estar se divertindo pra cacete, porque dava para ver que foi o trabalho em equipe que criou aquela maravilha.

Cheguei até a sugerir começar um coral com alguns amigos. Toda vez a ideia era dispensada com um "Eu canto muito mal". Minha resposta sempre era que ninguém cantava pior do que eu, mas a beleza dos corais é que os indivíduos são amparados pelo todo. Eu insistia que poderíamos esconder nossas vozes desafinadas juntos e, talvez, criar algo quase medíocre. Mas não adiantou implorar. Cantar era coisa de gaaay. Dã.

Clube da luta do livro – Mulheres formam ótimos clubes do livro. Nunca participei de nenhum, mas minha percepção é a seguinte: os livros não importam. Eles são uma desculpa. Mas um clube do livro para caras? Repita comigo: gaaay.

Então enfiei a palavra "luta" no meio – entendeu? – e sugeri a ideia para alguns caras. Surpreendentemente, as reações não foram horrorosas. Mas começou a parecer meio clichê aceitar o conceito de que homens só se reúnem quando isso envolve algum tipo de agressão. Além do mais, meus instintos diziam que aquilo não seria a solução, apesar de eu ser capaz de brigar com unhas e dentes por um livro. Já contei que sou formado em Letras?

Praticar um esporte em equipe – Testado! Por dois jogos, até eu precisar guardar o "Billy do hóquei" de volta no armário onde ele ficou escondido desde o meio da década de 1990.

Eu e Mark começamos a jogar hóquei no mesmo lugar em que Rory jogava havia alguns anos e algo imediatamente pareceu estranho. O grupo treinava em uma pista que era tipo dois terços menor do que uma pista normal e os times eram de quatro pessoas em vez de cinco e havia regras estranhas sobre a linha azul. Eu e Mark ficamos parecendo dois velhos confusos, porque não era assim que a gente jogava hóquei. Além do mais, nós não éramos tão bons quanto nos lembrávamos. O grupo era formado por uma galera bem mais jovem e não nos conectamos com ninguém por causa da diferença de 20 anos. Levamos uma surra na segunda partida e, quando liguei para Mark no caminho de volta para casa, repassando todas as emoções ridículas que percorrem o corpo depois de perder uma competição – a mistureba de ficar irritado comigo mesmo, com meus colegas de time, com os juízes, com o outro time, com o goleiro e com meus joelhos –, falei que não queria mais. Não consigo nem explicar quão aliviado ele pareceu. Ele estava se sentindo da mesma maneira e também queria parar. Senti como se a gente estivesse retrocedendo, não fazendo progresso.

O que foi uma pena, porque sinto inveja dos caras que conseguem praticar um esporte em equipe. É uma atividade comprovadamente incrível e útil. Competições, especialmente as que são um pouco violentas, satisfazem a necessidade de lutar presente no nosso DNA. Eu e Mark estávamos torcendo para o hóquei saciar essa ânsia, mas aquela não era a situação ideal para nós, então fomos embora antes que tudo piorasse. Além do mais, eu andava lendo um pouco do trabalho de Brené Brown, que estuda a vergonha, e ela enfatiza que pessoas de meia-idade precisam remover a armadura que usaram para sobreviver durante a juventude e a adolescência. A ideia de voltar a vestir um uniforme não se encaixava nisso.

Gana – Por motivos de pesquisa, havia três viagens que eu pretendia fazer e todas deram errado por bons motivos. O primeiro plano era ir a Gana, inspirado por um colega de trabalho que me disse que viajou para lá e ficou impressionado com a intimidade com que os homens se tratavam. Na semana que passou lá como turista americano, ele concluiu que o motivo para isso era a cultura local não acreditar em gays. Tipo é ilegal. Tipo não é encarado como algo real que você pode ou deveria ser. É uma loucura completa, mas ele argumentou que, como resultado, ninguém tinha medo de parecer gay, removendo uma barreira. Eu estava louco para ver como poderia ser a vida sem precisar encher a cara para dizer a um amigo que você o ama. Conversei com alguém que nasceu em Gana – um dos amigos de George em Yale – e ele me disse que meu colega de trabalho estava errado pra cacete: já que ser homossexual em Gana é proibido, os homens vivem com medo de parecerem ser gays. Isso não é simplesmente uma barreira às amizades entre homens; é uma cerca de arame farpado. Você pode se machucar de verdade se chegar perto demais.

Dei uma pesquisada, li algumas histórias sobre pessoas que foram mortas e percebi que essa é uma questão muito grave, complexa, e não quis me tornar outro turista americano que passa uma semana na África e acha que descobriu o segredo da vida. Portanto, não fui a Gana.

Escandinávia – Nunca fui à Escandinávia. Mas gosto de pensar que sou alguém que presta atenção em coisas que dão certo em outros países, mas não no meu, e as nações escandinavas parecem acertar tantas coisas que quase chega a ser irritante. Acrescente a isso o fato de que eles geralmente dominam o pódio nas listas de países mais felizes, apesar do fato de seu clima ser uma merda ainda maior do que o inverno que eu enfrentava.

Quando se trata de qualquer questão social, desde saúde pública e licença-paternidade a energia e transporte, passando por cuidados com a terceira idade e com bicicletas, os escandinavos olham para nós do outro lado do mar do Norte e balançam a cabeça, como se não passássemos de uns amadores de merda. Eles também são bonitos e estilosos. Eu meio que odeio aquela gente.

Quando descobri que existia um Instituto de Pesquisas sobre a Felicidade em Copenhague, administrado por um homem bonito e estiloso chamado Meik Wiking, que foi responsável por espalhar o *hygge* pelo mundo, decidi entrar em um avião e ver o que aquele cara tinha a oferecer. *Hygge*, que se pronuncia "ruga", é uma palavra que não possui tradução direta no idioma inglês, mas meio que mistura os conceitos de conforto, união, alegria e bem-estar, toda essa maravilhosidade em um único termo. Pense em amigos sentados ao redor de uma fogueira, enroscados em cobertores macios.

Mandei um e-mail para o instituto e fiz um pedido imenso: eu queria saber se poderia me encontrar com Meik Wiking em Copenhague para ele me mostrar o *hygge*, me ajudar a passar pela experiência em vez de apenas me explicar o que era. O que mais me impressionou sobre o *hygge* é que ele vai além de um conceito legal; as pessoas buscam alcançá-lo de verdade. É uma parte intencional da cultura local. Há uma obsessão regional por iluminação discreta, velas e reuniões tranquilas de grupos. Dá para imaginar?

Fui informado pela assistente que Meik estava muito ocupado e não poderia ser entrevistado, mas fui convidado a me juntar a um grupo que iria ao instituto para aprender sobre o trabalho deles. Não era isso que eu queria, então não fui para Copenhague.

Procurar o Yoda – Vou explicar uma coisa sobre jornadas. Em algum momento você começa a acreditar que existe alguém, um sábio, que conhece a solução para o seu dilema, que vai mostrar o caminho certo, o elixir, a poção, a espada mágica que salvará você e as pessoas ao seu redor. Esse sujeito não tem as respostas; ele apenas faz as melhores perguntas.

Um dia, enquanto tomava banho tendo pensamentos de chuveiro, fiquei imaginando a cena de *O império contra-ataca* em que Luke Skywalker está morrendo em uma nevasca no planeta gelado Hoth e o fantasma de Obi-Wan Kenobi surge e lhe diz para ir ao sistema Dagobah para aprender com Yoda.

E o motivo para esse pensamento de chuveiro ter se transformado em algo prático foi porque existe um Yoda na área das conexões sociais. Ele se chama Robin Dunbar. Já falei sobre ele antes. É o cara que bolou o número de Dunbar, aquela ideia de que o cérebro humano só consegue lidar com 150 conexões sociais por vez. Ele também é o cara que publicou o estudo que mencionei há um tempão sobre como mulheres conseguem manter amizades por telefone enquanto homens precisam de atividades. E há um milhão de outros exemplos. Sempre que eu encontrava um estudo que me fazia concordar com a cabeça, o nome de Dunbar estava associado a ele de alguma forma. Além do mais, ele era velho, fofo e professor de Oxford, e, se eu tivesse que inventar um personagem de livro infantil que fosse o maior especialista do mundo em amizades, seria um velho fofo que era professor de Oxford.

Mandei um e-mail bem sentimental para Dunbar explicando minha jornada e perguntando se poderia me encontrar com ele em Oxford para tentarmos desvendar a charada das amizades. Mencionei que pretendia fazer algumas outras paradas para pesquisas pela Europa, para não parecer estranhamente fanático por ele. E, tecnicamente, isso era verdade, porque eu ainda pretendia ir à Escandinávia e também estava pensando em visitar alguns lugares na Inglaterra, que é o país mais proativo do mundo na questão da solidão, especialmente para idosos. Eu estava muito interessado na Silver Line Helpline, uma central de atendimento 24 horas no noroeste da Inglaterra que atende idosos que precisam conversar com alguém. Li que eles costumam receber 10 mil ligações por dia – e a parte mais fascinante é que as pessoas que ligam quase nunca admitem por que telefonaram. A maioria pede conselhos, tipo como assar um peru. Uma mulher liga de hora em hora perguntando que horas são. Poucos falam de forma franca sobre solidão. E pouquíssimos são homens, o que não surpreende, infelizmente.

Contudo, meu principal objetivo era falar com Dunbar porque, em meio à minha solidão de escritor no inverno, eu estava me tornando cada vez menos interessado em medidas paliativas contra o câncer. Queria ir direto à raiz do problema. E algumas das minhas perguntas básicas ainda não tinham resposta.

Onde nós erramos?

As mulheres realmente sabem lidar com amizades melhor do que os homens?

É possível utilizar engenharia reversa para encontrar uma solução?

A psicologia tem mesmo todas as respostas?

E, no fundo, eu queria muito receber um conselho de um idoso sábio para poder fazer uma das perguntas mais atemporais e úteis que temos: Se você pudesse voltar a ter a minha idade e tomar uma atitude, o que faria?

Passei tempo demais escrevendo e reescrevendo meu e-mail para Dunbar até finalmente apertar "enviar" e cruzar os dedos para tudo dar certo.

Ele não respondeu.

Mandei outro e-mail, o velho "Oi, desculpe incomodar de novo, eu só queria saber se você recebeu meu último e-mail", obviamente o e-mail mais irritante que poderia chegar à caixa de entrada de alguém.

Nada, de novo.

Ingênuo, pensei que talvez ele não estivesse recebendo meus e-mails. Hoje em dia ele é listado como professor emérito, que é um jeito educado de a universidade dizer "aposentado, mas continua por aqui", então achei/torci que ele tivesse apenas parado de verificar seus e-mails de Oxford.

Então, sendo o romântico inveterado que sou, resolvi pegar um voo para a Inglaterra e tentar encontrar o cara, me convencendo de que era assim que as coisas deveriam acontecer, que eu precisava me esforçar por aquela amizade. Por sorte, quando expliquei meu plano para meu amigo Andrew, ele – um jornalista melhor e um ser humano mais equilibrado – me informou que aquilo seria loucura. E então me fez a pergunta sensata de um editor: "Você tentou falar com o departamento de comunicação da universidade?"

É por isso que editores ganham seu rico dinheirinho, então mandei um e-mail para o setor de relações públicas, recebi uma resposta rápida e, alguns dias depois, um e-mail curto e educado de Dunbar me informando que raramente ia a Oxford hoje em dia, pedindo que eu avisasse quando estivesse na Europa, mas que provavelmente não daria certo.

O maior especialista em amizades do mundo não queria ser meu amigo. Aquilo doeu. Em desespero, fiz uma última tentativa e perguntei se havia algum dia em que pudesse encontrá-lo diretamente, onde quer que fosse, quando fosse mais conveniente.

Ele não respondeu.

Então não fui ao sistema Dagobah para aprender com Yoda.

◄◄ ►►

O inverno havia chegado. Vou sugar tudo que posso do significado metafórico dessa frase, porque só falo verdades. Passei meus dias escrevendo sobre tudo que aprendi e minhas noites me perguntando por que aquilo não se traduzia em nada prático na minha vida. Muitas das minhas amizades antigas tinham se fortalecido bastante desde que começara minha jornada, porém a minha rotina permanecia exatamente igual ao que era quando meu editor idiota me pediu para escrever sobre por que os homens são péssimos em manter amizades. Trabalho-
-família-mercado. A única coisa que havia mudado era que agora

eu estava preocupado, sabendo que amizades deviam ser uma prioridade diária. Algo que antes era um simples vazio havia se tornado um fracasso gritante. Ninguém queria brincar comigo e eu sabia disso.

Observei meu progresso até então e fiquei me questionando se tudo tinha sido em vão. Seria a minha história apenas a realidade de um homem vivendo em sociedade em uma época em que as normas sociais o obrigavam a se tornar solitário, lanchando sozinho na hora do recreio? Será que meus únicos "amigos" deveriam estar nas minhas redes sociais mesmo? Conversas eram apenas coisas que aconteciam nos podcasts que eu ouvia, programas que sempre pareciam entrevistar algum cientista social para debater como temos uma quantidade inédita de ferramentas para nos conectarmos, mas menos conexões do que nunca?

Tentei me entulhar de ciência para resolver meus problemas e não deu certo. O motivo para isso era simples e dolorosamente óbvio quando eu encarava todos aqueles Post-its de merda. Amizade não é uma ciência; é uma mágica, e, quando dá certo, a plateia não vê como o truque acontece. Dois humanos se unem e uma alquimia especial transforma aquilo em algo grandioso.

Ao longo da história nunca tivemos tantos especialistas nos explicando como fortalecer os laços humanos e, mesmo assim, vivemos na época de maior fragilidade das nossas conexões. A professora de felicidade de Yale me disse que a psicologia tinha as respostas, mas, para cada estudo acadêmico que nos diz uma coisa, outro estudo acadêmico parece afirmar o oposto.

Eu focara demais na ciência e acabei ignorando a mágica da criação. Tentei encontrar um algoritmo em vez de confiar na empolgação da descoberta. Duas frases não saíam da minha cabeça, ambas de especialistas que entenderam muito bem que a especialização é o carrasco do prazer. Lester Bangs, crítico musical, disse que escrever sobre música era como dançar sobre arquitetura. E. B. White, escritor e gramático magistral, disse que analisar o humor é parecido com dissecar um sapo: não tem muita graça e o sapo morre.

Então, fodam-se os especialistas. E foda-se o meu conhecimento, porque as coisas que tinham dado certo até então foram apenas golpes de sorte, que só ocorreram porque começaram em um momento de vulnerabilidade voluntária.

Olhando para as coisas que sem dúvida deram certo (a caça ao tesouro) e as que sem dúvida deram errado (a Quarta à Noite), vi que eram dois lados da mesma moeda, porém o experimento vencedor tinha uma vantagem simples: um local específico. As Quartas à Noite eram divertidas e tranquilas, mas morreram porque nunca sabíamos aonde ir nas noites de quarta. A caça ao tesouro, por outro lado, foi uma tentativa hiperplanejada e estruturada de realizar um truque de mágica de amizade, observando toda a engrenagem e os bastidores. Porém o elemento certeiro não foi a caça ao tesouro; a peça que garantiu o sucesso foi algo decidido no automático: a casa que alugamos na floresta para servir como base para a Aventura Perfeita da Amizade Masculina. Aquela casinha ofereceu o cenário para brincadeiras não planejadas, assim como um parquinho, o ônibus da escola, o dormitório e o vestiário, todos os lugares que deveriam ser apenas áreas para nos prepararmos para atividades mais importantes. Sim, as atividades maiores nos aproximaram, mas foram aqueles lugares intermediários que nos uniram.

Nossa, meus parabéns, seu gênio. Todo mundo sabe que não há nada melhor do que viajar com os amigos, alugar uma casa para passar uma semana ou um feriado, varar a madrugada conversando ao redor de uma fogueira. E todo mundo sabe quais são os maiores empecilhos para essas viagens: tempo, dinheiro e *conseguir marcar a porra da data em que todo mundo pode.*

Eu sabia que meus problemas com amizades não seriam resolvidos com viagens esporádicas. Era preciso entender como fazer as coisas darem certo em casa, na rotina diária. Quando participei do South by Southwest, minha mesa-redonda foi patrocinada pela startup criadora de um aplicativo que ajudava adultos a marcar um horário para brincar com os amigos. Apesar de querer acreditar que o aplicativo ganhou bilhões de dólares, imagino que ele terá uma morte silenciosa, porque nada estraga a ideia de "Vamos marcar alguma coisa" com tanta intensidade quanto a frase "Deixa eu ver em quais dias estou livre".

Eu não investi no aplicativo.

Mas cogitei ir para a Austrália.

◀◀ ▶▶

Em vez disso, telefonei. Acho que foi uma decisão sábia, já que a Austrália fica longe e, apesar de eu sempre ter tido vontade de ir lá e ter certeza de que uma viagem para o verão do Hemisfério Sul seria capaz de aquecer minha alma, decidi parar de resolver meus problemas locais com voos internacionais. Além disso, do ponto de vista prático, uma viagem para o outro lado do mundo parecia um exagero, porque eu já tinha minhas suspeitas sobre o que encontraria no Men's Shed – caras mais velhos se ocupando em se ocupar.

A ideia era simples nesse nível. Bom, o nome já diz tudo que você precisa saber sobre o conceito: Men's Shed significa "barracão de homens" em inglês. Mas eu estava fascinado pela forma como algo tão simples transformou milhares de vidas de um jeito que os "especialistas" nunca conseguiram.

Há duas histórias que explicam o surgimento desse fenômeno australiano e ambas são simples e complexas ao mesmo tempo.

A primeira é, na verdade, a história de uma mulher chamada Maxine Kitto. No começo da década de 1990, em uma cidade portuária do sul da Austrália com o nome maravilhoso de Goolwa, Maxine era responsável por atividades em um centro de idosos e notou algo óbvio – apenas mulheres apareciam nas suas aulas. O pior era que elas recebiam carona dos maridos para chegar ao centro. Então Maxine criou um espaço para os homens, que chamou de The Shed, o barracão, e deixou as coisas por isso mesmo. Ela não desenvolveu uma série de atividades para o espaço. Em vez disso, não encheu o saco dos caras e disse que eles podiam fazer o que quisessem. Não sei se esse foi um ato de genialidade social ou apenas o comportamento de uma mulher inteligente que não queria discutir com velhos rabugentos. De toda forma, foi o pontapé inicial de algo que se tornou uma sensação mundial. Já falaremos sobre isso.

O barracão de Maxine foi desativado quando ela parou de trabalhar no centro. Ela seguiu com a vida sem saber que tinha deixado para trás as centelhas de uma ideia que se tornaria a base daquilo que é essencialmente o quarto "movimento dos homens" da atualidade – e o único que não é inerentemente horrível. Também já falaremos mais sobre isso.

Mas primeiro precisamos discutir a segunda história, que envolve um velho rabugento. Ele se chamava Dick McGowan, um cara proativo que morava em uma cidadezinha chamada Tongala, na região de Victoria. Em 1998, McGowan foi mandado embora do emprego e as coisas ficaram meio complicadas. Ele estava deprimido. Teve um ataque cardíaco não diagnosticado. Precisou amputar uma perna por causa da diabetes e andava de cadeira de rodas. Quando foi ao centro de idosos local em busca de alguma distração decente, descobriu que os serviços oferecidos não eram exatamente um insulto à masculinidade, mas demonstravam uma completa falta de noção sobre as coisas de que homens precisam. Ele foi muito sucinto ao resumir essas necessidades: "Homens precisam de um lugar para ir, de algo para fazer e de alguém com quem conversar."

Por ser proativo e tal, McGowan conseguiu dinheiro do governo e, baseando-se no conceito original de Maxine Kitto, criou um espaço atrás do centro de idosos, batizando-o de Men's Shed.

Porém o velho Dick McGowan não parou por aí. Devo dizer que, mesmo sem saber muitas coisas sobre ele, sinto como se o conhecesse. Portanto, acho que o próximo passo foi típico do Dick. Pouco antes de morrer, ele entrou em contato com um repórter do jornal comunitário do National Australia Bank, uma publicaçãozinha que era oferecida em todas as agências do banco pelo país e que suponho que fosse lida por idosos. A vida evoluiu até o ponto em que não precisamos mais passar tanto tempo esperando em bancos, mas não me lembro de ler o jornalzinho do banco quando era mais jovem.

Apesar disso, a ideia do barracão de McGowan deu certo e se espalhou. E o mais importante?

– Não foi por causa da intervenção de especialistas.

Quem disse isso foi o Dr. Barry Golding. Ele é um especialista, o último que vai aparecer neste livro, eu juro. E o principal motivo para eu ter ligado para Golding, na Austrália, foi porque estava atrás de alguma justificativa para me livrar de especialistas, para seguir meus instintos e minha intuição.

Golding é um psicólogo que estuda homens e aprendizado. Por um acaso, ele estava fazendo uma pesquisa no interior da Austrália na época em que os primeiros Men's Sheds começaram a surgir. Quando Golding ficou sabendo dos barracões, já existiam uns cinco ou seis, e ele imediatamente percebeu que havia algo magicamente simples na ideia – ela não tratava os idosos como se fossem inferiores.

– Os modelos existentes encaravam os homens como clientes, compradores, pacientes ou estudantes a partir de um sistema deficitário, a ideia de que existe algo errado com senhores mais velhos e que precisamos fazer alguma coisa por eles. De muitas formas, ainda estamos presos a esse modelo. O Men's Shed permitiu que os idosos fizessem algo por conta própria. Ninguém dizia o que precisava acontecer lá dentro. As únicas indicações eram "barracão" e "homens".

A ausência de estrutura. Seria tão simples assim? Será que eu estava buscando um jeito organizado para interagir de forma desorganizada?

– A falta de estrutura dos Men's Sheds é o fator mais importante. – disse-me Golding – Se o barracão tivesse um cronograma e cursos para eles se matricularem ou se houvesse alguém no comando, não daria certo. Eles funcionam porque os homens podem fazer o que quiserem, ir se quiserem, participar se quiserem.

Agora vamos voltar para a ideia de que o Men's Shed funciona como um "movimento dos homens". É isso mesmo, mas de um jeito muito diferente dos outros movimentos, porque a "informalidade formal" significava a ausência de ideologias. Seus predecessores modernos nessa categoria vergonhosa de "movimentos dos homens" foram: os "profeministas", cuja premissa central é que existe algo inerentemente errado com os homens que precisa ser corrigido; os babacas dos "direitos do homem", que ficam inventando formas de negar que estão em guerra com as mulheres; e os mitopoéticos das décadas de 1980 e 1990, que desejavam voltar para um mundo mais primitivo e tribal, com retiros na mata, saunas, ritos de passagem e essas coisas todas. Preciso confessar que acho que os mitopoéticos tinham razão em alguns pontos; o principal problema deles era que muitos dos seus adeptos acreditavam que o "movimento" precisava excluir mulheres.

O "movimento" do Men's Shed, por outro lado, é maravilhosamente livre de dogmas. Em vez disso, ele segue a declaração básica do meu camarada Dick McGowan: "Homens precisam de um lugar para ir, de algo para fazer e de alguém com quem conversar." Há alguma controvérsia nessa frase? Não. Isso não é maravilhoso?

Se muito, esse princípio é uma forma surpreendentemente simples de realizar a teoria da autodeterminação de Freud, que afirma que o ser humano precisa de três coisas para ser feliz: sentir que é competente naquilo que faz; sentir que tem autonomia na vida; e sentir que tem conexões com os outros. Ele acreditava que essas três bases – autonomia, competência e comunidade – eram essenciais para a felicidade humana.

Golding, que acabou escrevendo um livro chamado *The Men's Shed Movement* (O movimento do Men's Shed) – ele também criou seu slogan maravilhoso, "lado a lado" –, continua estudando os barracões conforme eles chegam à sua terceira década de existência. E, apesar de ser impossível realizar qualquer tipo de estudo duplo-cego ético para provar os benefícios para a saúde – o que exigiria privar um grupo de idosos desse recurso apenas para demonstrar que eles ficariam mais tristes e morreriam mais cedo –, Golding disse que está convencido de que os homens que frequentam os barracões são mais saudáveis que seus contemporâneos e que seu bem-estar mental parece permanecer estável por mais tempo.

– Já entrevistei homens que me disseram que estariam mortos sem o barracão. Se isso não for uma informação válida, o que seria?

Na verdade, existe outra informação bem interessante: hoje em dia, praticamente um Men's Shed novo é aberto em algum lugar do mundo por dia.

◄◄ ►►

Eu só precisava de um lugar para ir e de alguém com quem conversar. Meu problema não era a falta de amigos; era não conseguir ser amigo dos meus amigos com regularidade.

Um Men's Shed seria a solução?

Não há o que questionar sobre boa parte do conceito. Anos atrás, li uma entrevista com um designer de parquinhos que dizia que existiam dois parquinhos ideais. Um era uma mistura de água e areia. O outro era um campo de sucata. Ambos eram oportunidades para brincadeiras desorganizadas, improvisadas.

Entretanto, os Men's Sheds não eram completamente desorganizados, no sentido de que havia regras básicas que diziam que eles eram abertos para qualquer pessoa – inclusive para mulheres – e direcionados para aposentados.

Eu queria um lugar para brincar com os amigos que já tinha. Com os muitos e-mails solitários que continuavam a chegar em resposta à minha matéria, descobri que não era o tipo de cara que estava disposto a se tornar amigo dos outros simplesmente porque eles não tinham outras opções. Talvez isso me torne uma pessoa ruim, mas é a verdade. E meus planos não envolviam mulheres, porque outra verdade sobre mim é que a maioria das minhas melhores amizades *é* com mulheres. Pelo menos no sentido de que, quando encontro minhas amigas, é mais fácil ter uma conversa de verdade sem precisar de todas as enrolações masculinas esquisitas e todas as barreiras emocionais. Nós também mantemos contato de um jeito mais sincero. Quando fiz aquele negócio estranho de anotar os nomes dos 150 amigos com quem me importava, a porcentagem de homens e mulheres era quase igual. E meus relacionamentos com as mulheres dos Post-its pareciam mais fortes do que os que eu tinha com boa parte dos homens. Minha amizade com elas ia bem. Era a situação com os caras que precisava melhorar.

Algumas semanas depois de conversar com Golding, todos

esses pensamentos fervilhavam na minha cabeça, naquele espaço vago em que guardamos ideias que precisam de algum incentivo externo para chegarem a algum lugar. Minha inspiração finalmente apareceu no fim de uma noite, enquanto eu estava deitado no sofá, distraído com o serviço importante de escolher alguma coisa para assistir na televisão, procurando algo idiota o suficiente para silenciar meu cérebro e talvez me fazer cair no sono. Foi então que comecei a assistir ao filme *Gente grande*.

Dez

Entre todos os da espécie *Homo sapiens* na história, talvez eu seja o único capaz de fazer a seguinte declaração de forma convincente: "O filme *Gente grande* mudou a minha vida." Mas foi isso mesmo que aconteceu, junto com o momento muito dramático em que minha ficha caiu.

    Se você é uma dessas pessoas que tem "bom gosto" ou "mais o que fazer", então talvez não tenha assistido ao filme. Nesse caso, farei um resumo. *Gente grande* traz Adam Sandler, Chris Rock, David Spade e Kevin James, que fazem versões parecidas do mesmo tipo de filme há tanto tempo que reuni-los era uma forma garantida de produzir um filme que não é bom nem ruim, mas com certeza rendeu bastante dinheiro. Porque sempre existe público para uma distração inofensiva e bem-humorada – exatamente o que eu queria na noite em questão.

    Escolhi assistir a *Gente grande,* entre seus muitos competidores na categoria "medíocre feliz", porque li alguma coisa sobre o filme falar de amizades masculinas na meia-idade. Não me lembro de detalhes específicos, já que andava lendo muitos trabalhos acadêmicos sobre o assunto e não me recordo da maioria das coisas, mas essa pequena referência ficou criando teia de aranha em uma prateleira no porão do meu cérebro e então reapareceu com força suficiente para não deixar meu dedão idiota passar para a próxima opção.

O filme era exatamente o que eu esperava – um monte de piadas infantis que me deixaram feliz, porque não me importo em ser um adulto que ainda vê graça em piadas infantis. Mas as gracinhas habituais estavam entremeadas a uma trama inesperadamente emocionante sobre um grupo de amigos de infância que volta para sua cidade natal para o funeral de um técnico de basquete querido. Eles alugam um chalé bonito à beira de um lago, onde todos se reconectam, percebem a saudade que sentem uns dos outros e desejam viver felizes para sempre no chalé bonito à beira do lago.

Assim que comecei a assistir ao filme, lembrei que ele foi gravado perto da minha casa. E ver lugares conhecidos na tela é sempre empolgante de um jeito esquisito. Em uma das cenas, os amigos vão comer no Woodman's, um restaurante de frutos do mar famoso – que, estranhamente, foi transformado em uma hamburgueria no filme – a apenas alguns quarteirões de distância do meu traseiro neste momento.

Enquanto assistia à cena no Woodman's, as luzes no porão do meu cérebro acenderam de novo, outra teia de aranha minúscula se revelou e, de repente, me lembrei de outra informação sobre o filme, algo tão incrível que, naquele momento, não acreditei que fosse real.

Pulei do sofá, coloquei meus sapatos e meu casaco e fui correndo para o carro. Era quase meia-noite, no frio intenso de janeiro, quando dobrei à direita da minha casa com o coração disparado. Cinco minutos depois, estacionei em um parque diante do lago da cidade, que abriga uma pequena praia, dois campos de beisebol, uma quadra de basquete e um pequeno pavilhão. Meus filhos participam do acampamento de verão lá. Já estive ali um trilhão de vezes. Mas nunca, até aquele momento, me aventurara por uma pequena trilha que seguia de um canto do estacionamento para um bosque.

Quando abri a porta do carro e saí, imediatamente fiquei nervoso daquele jeito que você fica ao imaginar que pode ter que explicar para outro ser humano, talvez um policial, por que está perambulando pelo mato no meio da madrugada.

Liguei a lanterna do celular e segui pela trilha, inquieto, ansioso, cada barulho noturno parecendo prestes a me matar, o único som não ameaçador vindo das minhas botas esmigalhando a terra congelada. Após uns 90 metros de trilha, comecei a ver uma estrutura na beira do lago e, conforme fui me aproximando, a luz da lua confirmou aquilo que achei que fosse um sonho pelos oito minutos da minha aventura desde que levantara do sofá.

Lá estava ele, diante de mim. O chalé de *Gente grande*.

Eu tinha esquecido completamente que as cenas do chalé foram filmadas no lago, mas, quando a ficha caiu, também lembrei que o chalé era da prefeitura, que o alugava para moradores.

Quando cheguei à varanda, subi os frágeis degraus de madeira e iluminei o interior através das janelas da sala principal com minha lanterna, vendo que ela era dominada por uma lareira imensa. Não me recordo muito bem da minha reação específica naquele momento, mas deve ter envolvido um soquinho no ar, porque essa é a única coisa que você pode fazer quando o universo se alinha de um jeito tão perfeito.

Aquilo era mais do que perfeito, uma resposta tão absurdamente adequada para uma questão que me atormentava desde minha volta da caça ao tesouro, aquele problema simples de ter "aonde ir".

◀◀ ▶▶

No dia seguinte, mandei um e-mail desconexo – pelo visto, só sei escrever assim – para o Conselho da cidade explicando que queria alugar o chalé para um "grupo de homens que se reúne nas noites de quarta-feira". Prossegui sendo exagerado, explicando coisas como minha inspiração em um pessoal mais velho da cidade e como o meu grupo seria formado por homens de 40 e poucos anos, "pais que precisam acordar cedo de manhã" – em uma tentativa nada discreta de explicar que éramos, pelo menos em teoria, adultos responsáveis que não quebrariam tudo.

Depois de 45 minutos, recebi uma resposta breve me informando que o chalé ficava fechado durante o inverno. "Entre em contato na primavera e o conselho municipal analisará o pedido." Aquele contratempo temporário acabou sendo positivo, porque me obrigou a ir com calma. Conforme a adrenalina passava, fiquei feliz ao descobrir que já tinha tomado uma decisão importante. Reli meu e-mail com calma e percebi que pretendia misturar um Men's Shed com a Quarta à Noite.

◀◀ ▶▶

Meu encontro com o Conselho Municipal foi marcado para a última segunda-feira de março, às 19 horas. A longa espera me deu a oportunidade de realmente pensar no que eu desejava criar e remoer demais o que diria para os conselheiros, em uma tentativa de convencê-los a ceder aquela propriedade bonita para o que parecia ser uma baderna de caras de meia-idade.

Nos quatro anos desde que me mudei para minha cidadezinha, nunca fui a uma reunião do Conselho e fiquei surpreso como eram rápidas, acontecendo em uma sala de conferências da prefeitura. Cheguei na hora marcada, achando que esperaria um pouco, mas fui imediatamente chamado para sentar ao fim da mesa comprida, com os quatro conselheiros – três homens e uma mulher, que era a presidente – ocupando o outro lado.

E então... Bem, não vou mentir e dizer que me lembro exatamente do que aconteceu. Só me recordo das sensações. Sei que as palavras saíam rápido demais. Sei que minha boca parecia seca. Acredito ter mencionado minha matéria original, talvez o cruzeiro dos New Kids on the Block, o Dia de Matar Aula e o filme *Gente grande*. Quero dizer que eles deram algumas risadas. E me lembro de ter a sensação de que o único conselheiro que concordava com a cabeça o tempo todo enquanto eu contava essa história enorme sobre os problemas das amizades masculinas era, na verdade, a mulher. Ela entendeu. Na verdade, todos pareceram entender. Eu sentia um frio na barriga. Aquilo daria certo.

Então, em um segundo, tudo foi por água abaixo com uma única pergunta, que infelizmente respondi com a verdade.

– O senhor acha que alguém vai ingerir álcool nessas quartas à noite? – perguntou um dos homens.

Respondi que o objetivo do evento não seria beber. Eu queria encontrar um lugar que não fosse um bar.

– Mas, sim – respondi. – Imagino que beberemos algumas cervejas.

Eu quase consegui ouvi-los pigarreando do outro lado da mesa. Quase sentia a decepção emanando deles, como se dissessem: "Droga, eu meio que curti o plano ridículo desse cara. Por que ele não mentiu?"

A ingestão de álcool em propriedades do município não era impossível, explicaram. Só muito, muito cara. Ela exige licenças de bebidas, seguros e o golpe fatal – uma escolta policial do lado de fora. Caramba, eles disseram que gostaram tanto da ideia que estavam dispostos a abrir mão do aluguel de 175 dólares que cobravam aos moradores, mas que eu ainda teria que pagar 1.000 paus por mês pelas outras coisas.

A empolgação desapareceu da sala. Meus ombros murcharam. O silêncio reinou por um instante. A presidente disse que sentia muito – e dava para ver que ela era sincera. Agradeci por conversarem comigo, levantei-me e saí meio desnorteado.

No fundo, eu sabia que era bom demais para ser verdade. Muito certinho. Já era jornalista havia tempo suficiente para saber que não existiam finais de Hollywood na vida real.

◀▶

Entrei em uma fase que os especialistas chamariam de "fossa". O filme *Gente grande* de fato mudou minha vida; ele a tirou dos trilhos, me lançando por um caminho fantasioso em que me permiti imaginar o dia em que convidaria um bando de caras para o chalé, abriria as portas e diria: "Tudo isso é nosso, em todas as quartas à noite." Então brincaríamos com armas de pressão, sentaríamos ao redor de uma fogueira e responderíamos a perguntas filosóficas importantes, tipo: "Quando foi a última vez que você cagou na calça?" Depois voltaríamos para nossas famílias nos sentindo melhor, de um jeito que seria impossível de explicar, mas fácil de identificar.

Em vez disso, eu era um homem sem planos, seguindo sem rumo nos primeiros dias de abril, que é sempre a época mais irritante do ano para mim. A essa altura, já estou de saco cheio do inverno. Sinto como se eu merecesse um pouco de sol. Mas o inverno não acaba.

Fiz algumas tentativas desanimadas de me recompor e resgatar a ideia de um barracão para a Quarta à Noite, mas todas as ideias que tinha pareciam não dar em nada. Encontros na casa de uma pessoa diferente a cada semana provavelmente dariam certo por cinco minutos, até o plano se tornar uma dor de cabeça logística, e não seriam tão libertadores quanto estar em um ambiente neutro para todo mundo. O mesmo valia para alugar o salão de um bar ou coisa assim: além do dinheiro, o espaço nunca pareceria nosso e sempre haveria um garçom desmancha-prazeres vigiando para não acendermos uma fogueira nem brincarmos com armas de pressão.

Voltei ao meu habitual ciclo de trabalho-família-mercado. Eu não sabia o que fazer agora. Não sabia o que estava esperando. Algum ajudante mágico que surgiria com a resposta que resolveria tudo? É assim que acontece em contos de fadas, quando o suposto herói está encurralado e tudo parece perdido. Essas porras nunca acontecem na vida real.

Mas foi exatamente o que aconteceu comigo.

⏪ ⏩

Duas semanas depois do meu fracasso na prefeitura, cheguei à redação e encontrei uma mensagem de voz esperando no telefone da minha mesa. Era de um dos conselheiros, um cara chamado Andy, o que menos tinha falado durante a minha apresentação tagarela. A mensagem era breve. Ele dizia que ficara pensando na minha situação e achava que tinha encontrado uma resposta.

Alguns dias depois, em uma tarde de sábado, fui encontrar Andy na sua casa e passei o curto caminho até lá torcendo loucamente, achando que já sabia o que aconteceria.

Ele morava em uma estrada serpenteante pela qual eu costumava passar e eu conhecia a região daquele jeito vago em que se conhece estradas pelas quais você sempre dirige sem fazer paradas. Eu sabia quando estava no começo, no meio ou no fim, por exemplo. E estava torcendo para a casa dele ficar no fim.

Enquanto seguia pela estrada e via os números nas caixas de correio, senti um calafrio subir pelas costas. Quando meu carro subiu a última ladeira e o terreno dele surgiu, me forcei a me acalmar, porque precisava estacionar, sair do carro e não me comportar feito um bobo. Mas me permiti um segundo alegre para confirmar minha esperança desesperada. Era *aquele* celeiro.

Estacionei na frente e Andy veio me receber. Ele era uma década mais velho do que eu, tinha um rosto redondo e simpático e, depois de apertar minha mão e me dar boas-vindas, retomou a história que havia começado ao telefone quando liguei. Era mais ou menos assim. Ele tinha crescido no fim da rua e, quando era garoto, vinha àquela fazenda majestosa – com sua vista ampla para o rio Essex serpenteando por Great Marsh – para ajudar a cuidar dos animais. Porém, no geral, assim como todas as crianças do bairro, ele brincava no celeiro alto, que foi construído no começo dos anos 1800 e parece saído de um cartão-postal da Nova Inglaterra. Quando Andy era jovem, o celeiro funcionava como um centro comunitário informal e o loft – que ocupava um lado inteiro da construção – era como um clubinho para ele e seus amigos.

Duas décadas se passaram. Ele estava bem de vida e acabava de construir sua "casa dos sonhos" em uma cidade vizinha. Então, uma noite, foi jantar em um restaurante ali perto e ficou sabendo que a família que era dona da fazenda havia décadas pretendia vendê-la.

– Levantei na mesma hora, fui de carro até a fazenda e perguntei à família quanto seria.

Eu o segui pela escada até o *loft* enquanto ele me pedia desculpas pela bagunça do espaço, porque fingia não saber que a filha adolescente dava festas ali com os amigos.

– A gente precisa escolher nossas batalhas – disse ele.

Quando cheguei ao topo da escada, a cena diante de mim não era grande coisa. Alguns sofás velhos. Algumas cadeiras gastas.

Um fio de pisca-piscas pendurado na parede. Parecia um apartamento de estudantes universitários, do tipo onde não há nada para quebrar porque tudo já foi quebrado.

Era perfeito.

E a melhor parte foi que eu não precisava dizer nada. Ele sabia que era perfeito. Ele entendia. Escutou toda a ladainha que apresentei para o Conselho, quando me esforcei ao máximo para minar qualquer suspeita de que estava procurando uma casa para fazer baderna.

E então ele me deu exatamente isso.

◀◀ ▶▶

Muitos anos antes, eu estava em uma cafeteria na Alemanha, entrevistando um malabarista argentino famoso. É uma longa história. Enfim, em certo ponto da conversa ele contou que tinha corrido 5 quilômetros naquela manhã, mas fizera isso equilibrando uma bola no topo da cabeça. Perguntei por que fazer uma coisa dessas e nunca vou me esquecer da sua resposta nada envergonhada: "Porque é legal achar que a sua vida é um filme."

Essa frase surgiu na minha cabeça em uma noite de segunda, enquanto eu saía de casa com uma dúzia de convites escritos à mão ocupando o banco do passageiro ao meu lado. Em cada um dos envelopes escrevi "Top Secret" e "Não deixe ninguém mais ler". No interior, havia um mapa até o celeiro, desenhado por mim, junto com a data e a hora. Por que fiz isso? Porque é legal achar que a sua vida é um filme. O fato de estar chovendo torrencialmente só tornava minha missão ainda mais cinematográfica.

Eu poderia ter convidado os caras para a minha reinvenção da Quarta à Noite de várias outras formas. Mas escolhi essa opção exagerada porque precisava me distanciar comicamente daquilo que realmente estava dizendo, que era: "A gente mal se conhece, mas gosto muito de você e quero que participe do meu novo clubinho para sermos amigos para sempre." Que gaaay.

Parei diante da primeira casa, abri a caixa de correio e, enquanto analisava meus convites em busca do certo, parei por um segundo e me perguntei se tinha certeza absoluta, porque não haveria volta depois daquele momento.

Eu não estava questionando meu comprometimento com a ideia; não, eu questionava os 12 nomes escritos nos envelopes que segurava. Porque, no instante em que me convenci de que o chalé de *Gente grande* seria a solução para todos os meus problemas, comecei a fazer as contas de quem convidaria para a experiência.

Comecei com os "melhores amigos", caras tipo Rory e Mark, além de alguns outros nomes da minha juventude – caras que eu amava e de quem ainda me sentia próximo por causa do nosso passado, mas com quem raramente me encontrava. Dei um passo para trás, encarei a dúzia de nomes na parede – sim, voltei para os Post-its – e tirei um momento para apreciar como seria legal reunir aquela galera no celeiro com regularidade.

Porém, quanto mais eu olhava para os nomes, mais sabia que havia um problema. Eu amava cada um deles como se fossem meus irmãos. Mas as coisas nunca voltam a ser como eram.

Nós seríamos garotos para sempre, só que não éramos mais garotos. Cada um de nós tinha seguido por um caminho diferente, para um lugar diferente, e deixamos de ser uma parte central do ecossistema uns dos outros. E estava tudo bem. A vida era assim mesmo.

Não me senti culpado quando descolei os nomes deles da parede. Eles eram a definição de amigos de uma vida. Mas eu precisava de amigos para a minha rotina.

Então, naquele momento, senti uma animação nervosa, uma vulnerabilidade, porque escrevi uma dúzia de nomes novos e os grudei na parede, e todos eram de amigos recentes. Eu não conhecia nenhum deles havia mais de sete anos, quando nos mudamos de Boston para Cape Ann. A maioria só estava na minha vida havia metade desse tempo. Alguns eram quase desconhecidos. Mas o ponto comum entre todos era que faziam parte do meu novo ecossistema e eu sentia alguma conexão com eles, uma faísca inexplicável que mostrava que talvez, só talvez, devêssemos nos tornar mais do que meros conhecidos.

Mesmo assim, enquanto eu dirigia pela chuva naquela noite, fiquei nervoso. Tinha passado minha jornada inteira tentando reunir a galera e mal conseguira integrar amizades na minha vida diária.

Agora eu tentava formar uma galera nova e isso era assustador pra cacete.

Onze

Quarta-feira chegou e tirei o dia para ficar andando de um lado para outro da minha casa, sentindo todas as emoções possíveis. Pânico, excesso de confiança, uma insegurança paralisante, alegria, sofrimento, culpa, orgulho – tudo a que tinha direito. Pensar demais nas coisas é minha droga favorita.

Por sorte, minha família estava visitando meus sogros na Virgínia. Contudo, sua ausência deixava a casa silenciosa demais e preenchi essa tranquilidade com o som de um homem adulto se questionando em voz alta:

– Por que não contei para todo mundo quais eram meus planos? Por que não entrei para um grupo de boliche como uma pessoa normal? Por que sempre preciso ser tão cinematográfico?

Meu nível de estresse estava chegando perto do que senti enquanto esperava pelo Dia de Matar Aula, sentado naquela cadeira, porque mais uma vez eu estava dolorosamente sozinho e vulnerável, e a única coisa que poderia me resgatar seria outra pessoa disposta a ser cinematográfica. Mas, enquanto minhas façanhas anteriores não passavam disso – de bobagens –, havia algo em jogo agora. Eu havia declarado que tinha algo a dizer.

O que exatamente eu tinha a dizer? Boa pergunta. Comecei a pensar nisso durante meu passeio noturno para entregar os convites. Esse rascunho mental acabou se transformando em um verdadeiro discurso, que digitei e imprimi na redação na terça à tarde. Escrevi "Top Secret" na capa com uma canetinha preta, pois por que parar agora?

Minha caminhada de um lado para outro da casa na manhã de quarta-feira se transformou em uma caminhada de um lado para outro da casa na tarde de quarta-feira e, naquele ritmo, eu continuaria andando enquanto fizesse meu grande discurso, o que não seria o ideal. Então fui até o meu barracão em busca de caixas de plástico para usar como um púlpito improvisado, depois dirigi até um posto de gasolina e passei tempo demais analisando as geladeiras de cerveja, por motivos obviamente existenciais. Com o tempo, as facções em guerra na minha cabeça chegaram a um consenso sobre algumas opções, portanto guardei a cerveja e o gelo em *coolers* e segui para o celeiro, para chegar meia hora mais cedo e esperar.

Andy me cumprimentou quando estacionei, me mostrou como desligar as luzes e me desejou boa sorte. Ele atravessou a rua para sua casa e me deixou sozinho com os sons das andorinhas no celeiro e meu coração disparado.

◂◂ ▸▸

Seria de imaginar que me lembraria da primeira pessoa que chegou, mas foi tudo uma confusão acelerada até eu olhar ao redor e todo mundo estar lá. Parecia que, em cinco minutos, dez caras subiram a escada do celeiro, cada um exibindo uma expressão confusa enquanto lentamente olhava por cima do corrimão e tinha sua primeira visão do *loft* da baderna. Eles trocaram apertos de mão, pegaram cervejas e resmungaram alguma versão da teoria de que eu assassinaria todo mundo.

Eu sabia que dois convidados já tinham compromisso, mas, além das mensagens obrigatórias de "Mas que porra é essa?", o restante dos caras ficou em silêncio e sem se comprometer.

Então, quando contei dez cabeças, anunciei que todo mundo tinha chegado e a declaração fez os dez ficarem quietos e se sentarem, como se tivessem recebido ordens para isso. Era nítido que estavam ansiosos para descobrir que porra era aquela.

– Para de enrolar a gente! – berrou um, e os outros gritaram para apoiá-lo.

De repente, eu estava parado diante de um bando de caras no começo da meia-idade, seus rostos expressando confusão e bom humor. Conheci quatro deles através dos meus filhos. Três me foram apresentados por suas esposas. Três eram amigos da academia. E todos esperavam por mim.

Empilhei as caixas de plástico sobre uma mesa de carteado para montar um púlpito, coloquei meu discurso em cima e pigarreei.

– Bem-vindos à suruba.

Esse é o tipo de piada que provavelmente não deveríamos mais fazer, só que deu certo. Quebrou o gelo e o grupo ficou mais relaxado e confortável quando comecei a contar a história. A história inteira. A que você leu aqui. A que eu estava vivendo. Desde a proposta idiota da matéria até o segundo ato confuso, chegando à mudança de raciocínio atual que levara aos convites "Top Secret" ridículos que eles receberam de um cara que, em muitos casos, só conheciam de vista.

É uma longa história, como você bem sabe. Demorei um tempo para contar a versão resumida, mas os caras não me apressaram; na verdade, me obrigaram a ir mais devagar com interrupções demoradas, como quando insistiram que eu parasse e recapitulasse depois que mencionei rapidamente que a resposta estava nos quadris das mulheres. Também houve muitas e muitas pausas para eles implicarem comigo.

Mas dava para ver que as minhas confissões eram assimiladas e havia o clima inconfundível de que algo estava acontecendo. Aquela faísca. Aquela sensação de que esse era um dos momentos da vida que parecem mágica. Os dez caras pareciam me entender. E agora queriam saber o que tinham a ver com aquilo.

Passei um momento explicando sobre as mulheres da academia que saíam toda segunda-feira. Elas malhavam, depois iam a um restaurante mexicano para tomar margaritas e resolver os problemas do mundo. Com inveja, falei que elas valorizavam essa noite acima de tudo. Que nunca faltavam. Elas planejavam a vida ao redor do evento. Era sua academia de saúde mental.

Então contei sobre a Quarta à Noite, os Men's Sheds e o chalé de *Gente grande*, além da sorte que nos trouxe ao celeiro onde estávamos.

– O que estou tentando fazer aqui? Por que convidei vocês? Quero começar uma fraternidade para caras de meia-idade? Não é bem assim. Talvez. Mais ou menos.

Expliquei que o dono do celeiro havia concordado em emprestar o espaço em quartas-feiras alternadas para ficarmos ali e...

Eu não sabia como terminar a frase. No momento, o que eu disse foi "passar um tempo juntos", mas fui proposital ao não me comprometer com nada. O objetivo era não ter organização. As coisas que faríamos, o que nos tornaríamos, tudo dependia daqueles que quisessem participar.

O que fiz, no entanto, foi determinar uma regularidade. Esse foi meu primeiro aprendizado sobre como fazer amizades adultas darem certo, na época da minha primeira conversa ao telefone com o psiquiatra, então combinei que iríamos ao celeiro em quartas-feiras alternadas. Parecia o suficiente para começarmos, sem exigir demais da agenda das famílias; até um cara conseguiria entender o que alternadas significava.

A essa altura, talvez eu estivesse colocando o carro na frente dos bois. Falava como se todo mundo fosse se interessar pela ideia. Mas a expressão nos rostos deles me dizia que era o caso, então segui em frente e sugeri algo que pretendia deixar quieto. Era uma ideia mais para o futuro, quando as "Quartas Alternadas" tivessem se tornado tipo a coisa mais maneira da vida. E o plano era que cada um trouxesse um amigo, uma "turma de calouros", por assim dizer.

Apesar de a ideia de tratar pais de meia-idade como calouros de uma faculdade ser absurdamente hilária, o motivo para essa sugestão era que eu queria descentralizar o grupo. Queria, o mais rápido possível, que aquilo deixasse de parecer "o negócio do Billy".

Porém, naquele momento, ainda era uma coisa minha, então encerrei a palestra com um assunto que sabia que interessaria a todos – por que escolhi cada um deles.

◄◄ ►►

Em geral, sou extremamente inclusivo. Não quero que ninguém seja o cara lanchando sozinho no recreio e se sentindo isolado. Ao mesmo tempo, meu cérebro racional sabe que tenho minhas limitações. Eu tinha me convencido de que convidar todo mundo foi o problema da véspera do Dia de Ação de Graças. Se tivesse organizado uma reuniãozinha com as pessoas mais próximas, as que realmente se encontravam nas noites originais, talvez tivesse dado certo. Em vez disso, tentei agradar todo mundo e acabei não agradando ninguém.

Para as Quartas Alternadas, decidi começar com uma dúzia de pessoas além de mim. Um número marcante. Vou entender se você estiver revirando os olhos agora, mas faz sentido querer começar de forma impactante. E a quantidade parecia adequada para o que eu queria, nem muito nem pouco, aparentemente exata. Mas a melhor parte sobre se comprometer com um número é que se trata de um número. Ele tem limites. Obriga você a tomar decisões.

– Então, quem está aqui? – continuei. – Bem, eu resolvi que convidaria 12 caras, então escrevi um monte de nomes em Post-its – fiz uma pausa aqui para reconhecer que esse era o comportamento de um psicopata, apesar de eles não saberem da missa a metade – e fui fazendo umas adaptações até chegar à lista final. E preciso admitir que ela me surpreendeu. Conheço bem alguns de vocês, mas outros, nem tanto. No caso de alguns, sou mais próximo das suas esposas. Mas o denominador comum foi que todos parecem ser caras legais. E foi só isso.

Fiz uma pausa, não porque queria deixar que absorvessem tudo que falei, mas porque dava para sentir que eles já tinham feito isso. Entre todos os momentos daquela noite cheia de momentos, aquele foi o melhor. Eu tinha feito algo que me deixava vulnerável. Falei para um grupo de caras que eu gostava deles e queria que fôssemos amigos. Mas não me sentia vulnerável. Na verdade, eu me sentia poderoso.

Então, quem estava ali?

Vou começar por Gerry, porque ele foi o primeiro amigo que fiz quando me mudei para a cidade e foi um caso de amizade à primeira vista. Nós estávamos em um evento beneficente da pré-escola dos nossos filhos e Gerry era o apresentador do evento, que tinha o clima sério das ocasiões em que o principal objetivo é extrair dinheiro dos outros. Gerry tentava animar as pessoas de um jeito educado, mas era nítido que não estava dando certo.

Em determinado momento, ele começou uma tirada sobre como o evento estava formal demais e eu mal tinha começado a concordar com a cabeça quando Gerry resolveu rasgar a blusa. Arregaçou a blusa e a arrancou do corpo. Depois prosseguiu para o leilão com sua barriga cabeluda balançando ao vento. Ele recebeu algumas risadas desconfortáveis, mas acho que eu e minha esposa fomos os únicos que realmente vimos graça na sua palhaçada. Não foi algo sem noção tipo "Olhem para mim"; não, foi mais uma bronca brincalhona, como se ele dissesse "Olhe só para vocês. Lembram da época em que não se levavam tão a sério?". Quando o leilão acabou, fui falar com ele e fiz meu primeiro amigo entre os pais da pré-escola.

Na verdade, convidei três pais da pré-escola, o que é engraçado quando paro para pensar. Um deles era Andrew, de quem eu já tinha me aproximado bastante depois de convencê-lo a entrar para a seita do CrossFit. O outro era um cara chamado Ryan, que era formado em Belas-Artes, ganhava a vida fazendo robôs e foi o primeiro cara com quem passei um tempo depois de me mudar para Cape Ann. Naturalmente, eu o conheci através da sua esposa. Ryan e Andrew tinham se tornado companheiros de caiaque, então nós três meio que formamos um grupo, mas o tipo de grupo que raramente se encontrava. Com sorte, isso mudaria.

Depois vinham os caras da academia. Havia Brian, que era o tipo forte e silencioso que não falava muito com os outros, mas nos aproximamos em grande parte porque ele era assinante do *The Boston Globe*, o que significava que sempre tinha alguma reclamação para fazer. Havia Kevin, de quem eu gostei de cara por causa daqueles motivos maravilhosos que só podem ser descritos como indescritíveis, e nos tornamos companheiros de treino quando ele me convidou para me juntar a um pessoal que ocasionalmente participava de um jogo de perguntas e respostas às terças à noite em um bar. E havia Jon, que era dono da academia com a esposa. Eu e Jon tínhamos vários interesses em comum, o que é um incentivo clássico para fazer amizade com os outros, mas o que nos impulsionou para ultrapassarmos a fase de simples conhecidos foi algo ainda mais poderoso: intriga, por nós dois detestarmos uma terceira pessoa. Quando o nome dessa pessoa foi mencionado aleatoriamente um dia e nós dois demos uma olhada ao redor e baixamos o tom de voz, já era. É como dizem: o inimigo do meu inimigo é meu amigo.

Através de Jon, conheci Rob, que era seu melhor amigo de infância e que tinha filhos que estudavam com os meus. Nossos caçulas eram da mesma turma, o que era ótimo, porque, como qualquer pai confirmaria, você tende a se aproximar mais de outros pais se seus filhos mais velhos têm a mesma idade. Rob era um cara ótimo e nós tínhamos uma conexão do tipo "Que mundo pequeno", porque ele dividia uma empresa de construções com um sócio. Quando nos conhecemos, esse sócio era casado com a minha amiga mais próxima do trabalho. Esse cara acabou saindo do negócio para virar professor de artes e Rob contratou para o seu lugar Scott, que era casado com uma das amigas do grupinho da minha esposa na cidade. Nós nos dávamos bem, então convidei Scott, assim como Tom, outro marido desse grupinho que se encaixava na mesma categoria – caras legais com quem eu tinha conversado vezes suficientes para considerá-los mais do que conhecidos, porém não o bastante para sermos amigos de verdade.

E, finalmente, havia Steve, o convidado que me deixou mais nervoso. Sua esposa era minha amiga da academia e eu e ele trocamos ideias algumas vezes. Steve parecia um cara ótimo e tínhamos algo legal em comum: ele crescera na casa onde eu morava agora.

Se for possível julgar um homem pelos amigos com quem ele convive, eu diria que fiz um bom trabalho. Depois que terminei de apresentar todo mundo, não havia mais nada a ser dito, então, nervoso, concluí com o velho:

– Se vocês não tiverem perguntas, chegou a hora de assinarmos nossos nomes com sangue.

Arranquei risadas, mas então veio uma pausa silenciosa, longa o suficiente para o pânico familiar começar a subir pelas minhas costas. Eu tinha exposto minha saga pessoal, com todos os detalhes, e ela ficou pairando naquele silêncio, pronta para ser julgada. E eu suspeitava que eles teriam muitas perguntas sobre a bomba que joguei em suas cabeças em uma noite no meio da semana.

Mas ninguém perguntou nada. Ninguém tentou rir da minha cara. Isso viria depois.

Não, o que fizeram naquele momento foi algo que nunca esquecerei. Eles me deram uma salva de palmas muito sincera.

◀◀ ▶▶

No dia seguinte, acordei às 4h30, algo que meu cérebro gosta de fazer para me castigar nas manhãs depois de beber muito ou pensar muito. Eu tinha feito as duas coisas.

Eu tinha prometido a Andy que liberaríamos o celeiro às 21h30, mas, quando finalmente me lembrei de olhar para o relógio, já eram 22h30 e ninguém dava sinais de cansaço. A cerveja estava acabando, mas a conversa continuava rolando e nenhum dos caras parecia estar olhando para a porta.

Seja lá o que fosse aquilo... tinha dado certo. Tinha dado certo pra cacete.

Mas daria certo de novo? Era isso que meu cérebro remoía enquanto eu voltava a andar de um lado para outro da minha casa na manhã seguinte. Como você já deve ter percebido, sou propenso a ter crises de insegurança, mas não estava inseguro sobre a noite. Toda a minha jornada quixotesca havia me levado até ali e, quando finalmente tomei uma atitude, a resposta havia superado minhas expectativas. Havia mágica no *loft*. Foi uma sensação ótima. Porém passageira. E o que me fazia andar de um lado para outro de novo era a questão de como repetir aquilo.

Quando finalmente encerramos o encontro e nos despedimos até a próxima Quarta Alternada, eu já sentia um buraco no meu plano. Nós tínhamos um grupo ótimo. Tínhamos um lugar ótimo. Agora precisávamos de um propósito ótimo. Um lugar para ir, algo para *fazer* e alguém com quem conversar.

Por coincidência do destino, meu jornal publicou naquela manhã uma matéria de uma psicóloga social com o título: "Quer encontrar a felicidade? Prefira encontrar propósito". Eu já tinha lido muito sobre ter propósito, porque ele habita o mesmo espaço que as amizades e a solidão – é uma área em que estados mentais e emocionais podem causar efeitos surpreendentes na saúde física. Como vimos nas Zonas Azuis, ter um motivo para acordar pela manhã, uma crença de que a sua vida tem significado, pode melhorar sua saúde de forma mensurável. Propósito é basicamente a definição de felicidade segundo Aristóteles.

Mas, enquanto o propósito para um indivíduo pode ser definido como o motivo para se levantar da cama, quando se trata de grupos, ele é a razão para continuar frequentando um espaço. Eu tinha deixado essa lacuna em branco de propósito para as Quartas Alternadas. Sabia que precisávamos de um objetivo, mas queria que ele surgisse de forma natural, por consenso.

Porém, enquanto eu andava de um lado para outro na manhã seguinte, fiquei pensando que precisávamos encontrar um propósito o mais rápido possível. Quando estávamos nos despedindo, um dos caras perguntou:

– Então é só voltarmos daqui a duas semanas para repetirmos a dose?

Ele não tinha segundas intenções ao fazer a pergunta; apenas queria se certificar de que tinha entendido o plano. Mas isso me fez questionar se *eu* tinha entendido o plano.

Há um monte de evidências sobre os benefícios de sentar e conversar e foi basicamente isso que fizemos. O que foi ótimo. Mas, como não pretendíamos fazer mais nada além disso, tínhamos um problema. Sem uma atividade para colocar os homens lado a lado, corríamos o risco de sentir que o *loft* no celeiro era um lugar de corruminação, que é um jeito intelectual de dizer que reclamaríamos de nossos problemas. Por instinto, homens fogem desesperadamente dessas porras porque elas são contagiantes. A ciência provou que escutar uma pessoa desanimada faz com que você se desanime também. Ninguém quer sentir esse tipo de coisa, exceto no caso de amigos muito próximos, algo que ainda não éramos.

Eu estava sofrendo por antecipação – pois é, que surpresa – e o terceiro bule de café com certeza não estava ajudando. Com o tempo, o restante do mundo foi acordando e meu telefone começou a se iluminar com mensagens dos caras. Todo mundo estava empolgado. Todo mundo estava comprometido. As coisas acabariam dando certo, né? Larga o café e vai tomar um banho, meu camarada.

Doze

Pelas próximas duas semanas, tudo ficou bem. Quando eu encontrava um dos caras, era difícil não dar risadinhas. A situação toda parecia ridícula e maravilhosa. E o "segredo", sem dúvida, tinha sido percebido, porque várias esposas, assim como alguns filhos, tentaram me interrogar sobre o negócio no celeiro. Minha resposta sempre era "O que acontece no celeiro fica no celeiro"; não era a piada mais original do mundo, mas não se mexe em time que está vencendo.

À medida que a próxima Quarta Alternada se aproximava, me perguntei se deveria mandar um lembrete. A ideia era que ela sempre aconteceria, mas talvez fosse bom avisar daquela primeira vez. Então um dos caras mandou mensagem dizendo que não poderia ir por causa de uma formatura de pré-escola, o que era bom, porque significava que ele sabia que o evento ia rolar e queria ir, né? Ah, merda, fiquei nervoso de novo.

Aquela segunda-feira tinha sido o feriado do Memorial Day – que supostamente marcava o começo do verão –, mas fazia tanto frio na noite de quarta que teríamos morrido congelados no celeiro.

O lado bom foi que o grupo naturalmente se encheu de mensagens enquanto procurávamos uma alternativa e Kevin ofereceu sua casa, o que significava que poderíamos assistir ao jogo do Boston Bruins na final da Copa Stanley. Algumas pessoas mandaram mensagem avisando que não poderiam ir por causa de vários eventos do fim do ano letivo, então acabamos sendo apenas quatro caras.

Mas foi a quantidade perfeita para a sala, porque, como mencionei antes, quatro é o número ideal para conversas. Além do mais, um dos caras que eu menos conhecia, Steve, foi. Ele tinha feito um esforço e aparecido, e o grupo menor nos ofereceu a primeira oportunidade de conversarmos sobre algo além do fato de que ele crescera na minha casa.

Gerry também apareceu, infelizmente usando uma camisa. E, é claro, Kevin estava lá, e nós já éramos próximos graças ao nosso amor compartilhado por jogos de bar. Nós nos tornamos amigos na academia, mas foi aquela atividade extracurricular que nos colocou lado a lado com regularidade, ambos inclinados sobre uma folha de papel tentando lembrar o nome do ator que interpretou o vilão em *Karatê Kid*.

Isso bastou para nós; amizades são complicadas a menos que sejam extremamente simples. E era isso que eu precisava lembrar a mim mesmo sempre que meu cérebro começava a girar, me convencendo de que as Quartas Alternadas dariam errado sem um propósito maior, algo com que nos comprometêssemos.

No momento, tudo ainda era simples. Só uns caras assistindo aos Bruins. E a simplicidade funcionando.

◀◀ ▶▶

O clima finalmente esquentou e nos mudamos do celeiro para um ponto nos limites da fazenda, onde acendemos uma fogueira com vista para o rio que atravessa o pântano salgado. Era um lugar tão bonito que chegava a ser ridículo, longe o suficiente da casa de Andy para nos sentirmos à vontade. Quase todo mundo apareceu na terceira Quarta e tivemos o prazer primitivo de sentar ao redor de uma fogueira no fim do dia, com uma bebida gelada na mão. Demos muitas risadas, mas do que mais me lembro daquela noite foi o final, quando finalmente escureceu e passamos um bom tempo parados diante das chamas, observando-as dançando, sem dizer nada.

O clima bom continuou pelo verão. Passamos algumas noites no celeiro e ao redor da fogueira, atirando em latas vazias com armas de pressão. Em outra noite, remamos até as ilhas costeiras, numa pequena frota de caiaques e pranchas de *stand up paddle*. No fim de julho, viajei por duas semanas com minha esposa e meus filhos e a fraternidade entrou em um pequeno recesso. Pelo menos era o que eu pensava.

Na primeira Quarta Alternada depois que voltei, passei uma hora inteira sentado sozinho no *loft* antes de aceitar que ninguém apareceria. Pior ainda, eu meio que fiquei feliz, porque não estava com tanta vontade de ir. Estava cansado no geral. E estava cansado de precisar ser o líder de torcida em todos os encontros. Parecia que eu estava forçando a barra; todo mundo ainda se referia àquilo como algo meu, e não algo nosso. E o único elemento que propositalmente não determinei – a atividade, a coisa que todos faríamos, o objetivo – ainda não tinha aparecido. Em resumo, nós nos reuníamos para sentar e conversar, e eu sabia que isso tinha um prazo de validade.

Duas semanas depois, outra Quarta Alternada chegou e foi embora. Nunca toquei no assunto. Nem ninguém. Se alguém apareceu no celeiro naquela noite, não sei, porque caí no sono no meu sofá, sozinho.

⏮ ⏭

Uma manhã, encontrei-me com Andrew na academia e tivemos uma longa conversa sobre a situação. Isso foi bom, porque ele é racional de um jeito que é impossível para mim – foi ele que me convenceu a não pegar um voo para a Inglaterra para perseguir um professor idoso e implorar por sua amizade.

Enquanto nos alongávamos depois do exercício, ele tentou me animar dizendo que eu devia ter orgulho do projeto, mesmo se as coisas ficassem por aquilo mesmo, mesmo se o clube fracassasse. Os relacionamentos que surgiram iriam continuar. Ele é um filho da puta convincente, que fala bem, e passei as duas horas seguintes me esforçando para enxergar o lado positivo. Não havia dúvida de que a minha amizade com cada um dos caras tinha se fortalecido por causa da iniciativa. Inclusive com os dois que nunca voltaram depois da primeira noite. Um era Tom, o marido de uma das amigas mais próximas da minha esposa, que admitiu se sentir meio deslocado em grupos e preferir ficar em casa. Mas ele me fez essa confidência como um amigo e saímos algumas vezes desde então, sentamos diante da lareira externa do quintal dele enquanto nossos filhos brincavam ao redor. Ele não parecia ser um cara que gosta de fazer coisas em grupo, mas o convidei mesmo assim, esperando que nunca mais aparecesse. E estava certo. Contudo, quando o encontro, sinto que estamos minimamente mais próximos.

Eu anunciei para cada um daqueles homens que gostava deles, algo muito ousado em amizades masculinas. Ao mesmo tempo, é cientificamente comprovado que as pessoas tendem a gostar mais de você quando sabem que você gosta delas. Nós meio que entendemos isso de forma intuitiva, mas raramente tocamos no assunto, já que parece um ato reservado para quando do você *gosta* de alguém.

Com os 12 caras, fui bem claro: gosto de vocês e quero ser seu amigo. E adivinha! Deu certo, porra. Eu tinha certeza de que eles também gostavam de mim, porque cada um passou muito tempo fazendo questão de zombar da minha cara. Sem querer me gabar.

O calendário entrou em setembro. As crianças voltaram para a escola e as noites se tornaram mais curtas e frias. Passamos agosto inteiro sem um encontro ou, pelo menos, sem um encontro em que alguém além de mim tivesse aparecido. Quando a primeira Quarta Alternada do outono chegou, eu não sabia o que fazer. Pouco antes das 14 horas, Kevin mandou uma mensagem para o grupo: "Clube da Luta hoje?" Ele era ótimo. Era o primeiro a dizer "Eu topo" e o que mais tentava unir o grupo.

No fim das contas, ninguém podia naquela noite, mas despertamos e as mensagens dispararam. Eu tinha passado o dia escrevendo este livro e quando mencionei isso para os caras, junto com o comentário de que ele havia culminado na Pior Ideia que Já Tive, era nítido que estava pedindo alguma orientação. Ela chegou na forma de mensagens do grupo me chamando de dramático, como seria de esperar. Mas uma conversa importante havia começado e me disseram que eu estava sendo crítico demais (Kevin); que o verão sempre era complicado (Jon); e que eu devia estar bebendo esperma de cavalo (Rob). Então o grande Gerry surgiu entre as nuvens com uma mensagem épica.

Fazia um tempo que não tínhamos notícias de Gerry, o que me surpreendia, já que ele nitidamente criara uma conexão emocional com a ideia desde o primeiro dia. No começo, ele me mandou uma mensagem do nada, no meio da noite, que dizia: "Billy, valeu por se importar. De verdade." Ele era legal assim. Não, era ótimo assim e, naquela noite, ele brilhou.

"Ei, galera das Quartas Alternadas e Billy, aqui é o Gerry. Deixando de lado o esperma de cavalo e a linda depressão do Billy, acho que essa ideia foi intrigante, além de necessária e digna. Sou muito agradecido. Ainda estou com vocês. Billy, sua matéria original no *The Boston Globe* defendia a ideia de que homens 1. se conectam quando têm um objetivo em comum e 2. cuidam de suas famílias. Pare de falar como se tivesse sido um fracasso. Eu daria uma carona para o aeroporto ou transportaria um sofá para qualquer um dos caras que conheci no 'celeiro' na primeira noite. Enquanto isso, assim como todo mundo, estou tentando encontrar tempo para ser pai e sonhador. Agora estou em um bar em Haverhill, esperando a aula da minha filha acabar. Amo vocês."

Era exatamente isso que eu precisava ouvir, o que todos precisávamos ouvir, especialmente o lembrete do primeiro passo: ter um objetivo em comum.

Conforme fomos nos despedindo naquela noite, decidimos que iríamos ao celeiro dali a duas semanas para tentar decidir qual seria esse objetivo.

◀◀ ▶▶

Em 1941, um engenheiro suíço chamado Georges de Mestral caminhava pela floresta quando notou que sua calça e seu cachorro estavam cobertos de carrapichos. A maioria das pessoas que já passou por isso simplesmente diria "pooorra". Mas De Mestral era o tipo de cara que tinha registrado sua primeira patente aos 12 anos (para um avião de brinquedo), então, depois de dizer "pooorra", ele foi para casa e analisou os carrapichos no microscópio. Ele queria entender como os bichos se prendiam a pelos e tecidos com tanta força, mas se soltavam com uma pressão moderada. O que encontrou foram milhares de ganchinhos, e isso lhe deu uma ideia. Após 14 anos de tentativas, ele finalmente conseguiu criar uma versão sintética daqueles ganchinhos, que chamou de velcro.

Ao longo da minha jornada, tive dificuldade para encontrar uma definição para aquilo que conecta as pessoas. Em retrospecto, era algo fácil de nomear: quando olhamos para quase todas as grandes amizades, é fácil apontar o que forma sua base. Porém, quando tentei criar esse elemento de propósito – a história dos últimos anos da minha vida –, nunca consegui definir o que eu buscava. Por falta de termo melhor, continuei me referindo a ele como "aquele negócio".

A palavra "velcro" surgiu na minha cabeça algumas vezes, porque era a melhor descrição que eu encontrava: duas partes que se prendem com força mas se soltam com facilidade. Porém era um termo industrial demais, que arranhava os ouvidos e não capturava a suavidade da amizade humana.

Enquanto nossa reunião no celeiro se aproximava e eu voltava a ruminar o que seria "aquele negócio", li a história sobre como De Mestral se inspirou para criar o velcro, tentando me inspirar também. Quando descobri que ele bolou o termo velcro ao misturar as palavras francesas *velour* e *crochet*, eu soube que tinha encontrado o que buscava.

Em português, elas podem ser traduzidas como "gancho de veludo".

⏪ ⏩

Ruth e Judy. Esse foi meu primeiro pensamento quando li "gancho de veludo".

Conheci as duas quando Ruth me mandou uma carta. Ela

estava prestes a completar 70 anos, disse que era minha leitora havia muito tempo e queria que eu contasse a história da sua amizade com uma mulher chamada Judy.

Elas se conheceram na década de 1970, quando Judy publicou um anúncio em um jornal em busca de mães para participar de um grupo para crianças brincarem. Ruth apareceu e as duas imediatamente ficaram amigas, descobrindo que compartilhavam um amor por bicicletas antigas. Elas começaram a sair para andar de bicicleta de vez em quando, por uma hora. Isso acabou se transformando em passeios que duravam o dia inteiro e, então, viagens de uma noite. Não demorou muito para estarem enfiando Blukey e Brown Bear – os nomes das bicicletas – em aviões, trens e barcos para explorar a Islândia, a Irlanda, a Holanda e cada centímetro quadrado da costa nordeste de Rhode Island, até a ponta da Nova Escócia.

Ruth escreveu para mim porque algo havia mudado na história. A idade trouxe suas dores. As duas venceram o câncer de mama. Blukey e Brown Bear não saíam tanto de casa naquela época e elas sentiam que esse capítulo das suas vidas estava chegando ao fim. Portanto, providenciaram um recomeço – tornaram-se elétricas.

Por dois dias, segui as amigas por Martha's Vineyard, em sua primeira grande aventura com as novas bicicletas elétricas. Elas conversavam, riam e se divertiam para valer enquanto eu lutava para acompanhá-las. Pareciam duas crianças aprontando. Caramba, Judy até reservou quartos em um albergue para ficarmos. Era uma alegria observar a relação das duas, e é claro que as bicicletas não passavam de um detalhe. Mas elas reconheciam que esse era o elemento que as conectava. Era sua atividade. Era seu gancho de veludo.

De repente, passei a enxergar ganchos de veludo em toda parte. Havia um grupo de caras sobre quem escrevi, que jogava hóquei de rua toda manhã de domingo desde a década de 1970 na frente da casa em que um deles cresceu. E tinha também o campeonato de hóquei que Rory e seus amigos de faculdade faziam todo inverno no lago Winnipesaukee, em New Hampshire (fui reserva nos últimos dois invernos). Em ambos os casos, o hóquei em si era péssimo: é difícil jogar bem em uma rua cheia de carros ou em um lago congelado com rachaduras enormes. Mas eram ganchos de veludo.

Minha vida estava cheia de ganchos de veludo, dessas conexões que giravam em torno de coisas simples, tipo participar de jogos de perguntas e respostas em bares ou surfar. E eu entendia o que acontecia com amizades quando um gancho de veludo se soltava. Fui bem próximo de dois caras chamados Will e Scott, que moravam na minha esquina, e nós três, por motivos que não fazem sentido olhando para trás, criamos um grupo de *fantasy*, que girava em torno do *reality show Survivor*. Toda semana nós nos reuníamos na casa de Scott, assistíamos ao episódio e comprávamos e vendíamos seres humanos em tempo real. Fizemos isso por anos; então nos mudamos para lugares diferentes e o velcro se soltou.

Também houve uma situação pequena, mas muito importante, com meu primo Michael. Ele é uns 20 anos mais velho do que eu e sempre o admirei. Na minha infância, ele morava no apartamento abaixo do nosso e, quando eu tinha 8 ou 9 anos, ele me disse que participaria da Maratona de Boston. Essa foi uma decisão interessante, porque ele não tinha o hábito de correr e a maratona seria dali a tipo um mês. Quando o dia chegou, fiquei esperando com a minha família na altura do quilômetro 26, no começo da famosa Newton Hills, e, quando Michael finalmente apareceu, parecia prestes a ter um treco. Pela sua cara, não seria capaz de sobreviver a mais 16 quilômetros. Mas foi exatamente o que ele fez. Anos depois, ele me contaria que só terminou a corrida porque me viu com meu irmão caçula, sabia quanto nós o admirávamos e que ficaríamos com o coração partido se ele fracassasse. Foi nesse momento que decidi que precisava participar da Maratona de Boston, uma decisão interessante, porque eu não tinha o hábito de correr. Mas fiz isso e acabei inspirando Michael, agora com 60 e poucos anos, a correr de novo. Dessa vez, fiquei esperando no topo de Heartbreak Hill, o ponto mais infame do circuito, com um cartaz que dizia: "Você deixou o Heartbreak (desgosto, em inglês) para trás".

A placa agora fica pendurada no escritório dele e prometemos que assistiríamos à corrida juntos, todo ano, no topo do Heartbreak, segurando a placa. A única exceção seria quando um de nós decidisse correr. É claro que ele participou da maratona todos os anos depois disso, então o único momento em que nos vemos é no topo daquela colina quando ele vem me dar um abraço. É incrível. É nosso gancho de veludo.

◄◄ ►►

Antes da próxima Quarta Alternada, fiz algo que deveria ter feito muito antes. Liguei para Ozzie, o cara que me contou sobre a Quarta à Noite, porque me ocorreu que nunca perguntei a ele o que o grupo original fazia nos encontros.

– Tentamos sempre ter uma atividade – foi a primeira coisa que ele disse, algo que eu precisava e não precisava ouvir. – No verão, quando o clima está bom, velejamos. Alguns dos caras têm veleiros, então fazemos bastante isso. A gente andava muito fazendo *mountain bike*. Varia, mas tentamos sempre nos organizar com uma atividade. No inverno, um dos caras tem um celeiro fantástico.

(Mais uma coisa que eu precisava/não precisava ouvir.)

— Dentro do celeiro ele tem uma mesa de *shuffleboard* e de sinuca, também jogamos um negócio parecido com badminton. As pessoas simplesmente aparecem e sempre tem alguma coisa para fazer. Não ficamos sentados à toa.

Ele disse tudo isso naquele tom acelerado que as pessoas usam quando querem transmitir que não têm nada revolucionário para contar. Só um lugar para ir e algo para fazer.

Eu e Ozzie fizemos planos vagos sobre eu aparecer em uma das suas Quartas à Noite e desliguei sentindo que as respostas foram simples, mas muito complicadas. Ou talvez fosse eu quem estivesse complicando tudo, porque já estava pensando em uma atividade que envolvia o celeiro no inverno e o mar no verão. Eu queria construir um barco.

Essex, a cidade onde moro, foi a "capital mundial da construção de navios". Isso foi na era das escunas, mas ainda restavam alguns galpões de barcos na cidade, que viviam lotados de caras mais velhos inventando moda e, às vezes, construindo um barco. Então havia certa justiça poética no conceito. Mas era algo muito complicado, é claro, já que eu não tinha a menor ideia de como construir um barco e isso exigiria um grande investimento financeiro e comprometimento. Sem mencionar que eu teria que conversar com Andy e perguntar: "Sei que você deixou a gente usar o *loft* em quartas-feiras alternadas, mas será que podemos ocupar o celeiro inteiro durante todo o inverno?"

O barco que eu tinha em mente era uma canoa grande com seis assentos, além de um timoneiro. Eu conhecia algumas mulheres que praticavam remo e elas se encontravam duas vezes na semana para se divertir no mar. Parecia algo interessante para copiar, mas o clube de remo de que elas participavam tinha uma quantidade limitada de barcos e muita procura. Foi por isso que pensei em construirmos um barco durante o inverno para usá-lo no verão. Mas, quando mencionei a ideia para alguns dos caras, não recebi respostas entusiasmadas. E dava para entender por quê, ou pelo menos eu entendia por que nunca me apaixonei por essa proposta grandiosa. Não era um gancho de veludo. Não, começar algo assim do zero seria uma algema de aço, outro compromisso sugador de tempo de adultos que já viviam cercados por eles.

⏮ ⏭

Quando Jon deu a ideia de construirmos uma *pump track*, nem cogitei que esse seria o plano que salvaria o grupo. Na verdade, minha resposta foi:
– Que diabos é uma *pump track*?

Jon era o dono da academia e se tornou meu amigo depois que descobrimos compartilhar uma aversão bem-humorada por um conhecido. Simples assim, nos tornamos adolescentes, resmungando observações sinceras por trás dos comentários educados que habitam a superfície. Nosso caminho para uma amizade de verdade se acelerou bastante depois disso, porque a gente se encontrava umas duas vezes por semana na academia – cumprindo o requisito de consistência e fazer uma atividade –, mas também porque tínhamos uma série de interesses muito específicos em comum. Um deles eram bicicletas BMX de aro 24, um tipo bem obscuro e meio difícil de encontrar, de tamanho grande para crianças grandes. Comprei uma anos antes, como um presente de aniversário de 13 anos para mim mesmo, uma promessa de nunca crescer de verdade, e basta olhar para ela para eu sentir vontade de pular da beira de uma calçada.

Em algum momento durante aquele verão, Jon descobriu que havia uma antiga pista de BMX a meia hora de distância e levamos nossos filhos lá em uma manhã de sábado para assistir às corridas, o que não foi tão divertido assim, porque é muito difícil ir a uma pista de BMX e não poder participar. Meus meninos imediatamente começaram a planejar quando voltaríamos com todos os seus amigos e andaríamos de bicicleta. Nada atrai o coração de uma criança tanto quanto uma estrada de terra. Algumas semanas depois, voltamos com seus amigos e o veredito foi que nunca houve um dia tão divertido na vida. Acho que os adultos se divertiram mais do que as crianças, especialmente este adulto. Teve uma hora que dei um salto de tipo, 90 centímetros de altura.

Então, quando Jon me disse que uma *pump track* é "parecida com uma pista de BMX, só que ocupa uma área muito menor e funciona tipo uma montanha-russa de bicicletas", adorei a sugestão.

◀◀ ▶▶

Demoramos cerca de 18 segundos para convencer os outros caras. Boa parte do grupo tinha aparecido no celeiro para a reunião do o-que-vamos-fazer e cedi o palco para Jon, que rapidamente explicou a ideia. Chegamos a um consenso sem precisarmos debater o assunto. Claro, vamos construir uma *pump track*. Então fomos beber umas cervejas e dar risadas depois de concordar que eu seria o responsável pela pequena tarefa de convencer a prefeitura a ceder um terreno para a gente e, talvez, alguns equipamentos para cavarmos.

Nós construiríamos mesmo uma *pump track*? Eu não tinha a menor ideia. Mas era um gancho de veludo legal, leve, exatamente o tipo de besteira de que precisávamos. A ideia de pegar uma pá e criar umas rampas maneiras empolgava demais a criança interior e combinar que faríamos isso parecia acalmar o nervosismo geral, portanto, poderíamos seguir em frente. O de que mais me lembro daquela noite foi um momento em que comecei a rir e com aquela risada veio um milissegundo em que senti como se um peso enorme tivesse sido tirado dos meus ombros. Fazia dois anos e meio desde que eu saíra da sala daquele editor e, deste então, parecia que estava correndo para consertar algo que eu havia quebrado simplesmente porque não prestei atenção. Naquele instante, o que me acalmou foi saber que nunca mais perderia meu foco. Eu sempre ficaria de olho naquilo, mas tinha deixado de sentir como se fosse algo que exigia toda a minha atenção. Ao olhar para meus amigos, ouso dizer que os contaminei. Eles também estavam de olho nas coisas de um jeito que não faziam antes. E é fácil relaxar quando você se sente cercado por pessoas que querem o seu bem.

No começo daquela tarde eu tinha recebido um telefonema inesperado de Ozzie. No mesmo instante, percebi que ele estava bem animado; também percebi que já tinha bebido um pouco.

– A gente queria avisar que resolvemos mudar as Quartas à Noite para as Quartas de *Dia*! – berrou ele, e ouvi risadas enquanto ele enfatizava a palavra *dia*.

Ele estava em um veleiro com a sua galera e, ao fundo, dava para ouvi-los gritando coisas como: "Diga que, se ele quiser vir, precisa trazer uma tequila boa. Mas tequila boa *mesmo*!"

Conversamos um pouco sobre quando eu poderia ir, mas eu sabia que jamais faria isso, porque não precisava. Bastava ouvir aqueles avôs se comportando feito adolescentes para saber que não seria necessário ver nada, porque não havia *nada* para ser visto. As Quartas à Noite não eram um evento. Eram uma promessa. A principal atividade era estarem presentes uns para os outros. Demonstrar a intenção de fazer isso. Essa era a ciência das Quartas à Noite.

Treze

– Você está livre? Tenho umas perguntas que seriam perfeitas para você.

Eu estava parado à porta da sala do editor que me enfiou naquela furada e ele desviou o olhar da sua caneta vermelha soltando uma gargalhada. Francis saiu do *The Boston Globe* imediatamente depois de me atrair com alegações de ter uma história que seria perfeita para mim, passando para um trabalho mais tranquilo como editor de uma revista de ex-alunos de uma faculdade. Eu suspeitava que a minha história e a sua mudança tinham alguma relação, mas seu desaparecimento rápido significou que nunca tivemos a chance de sentar e conversar sobre o assunto.

Mas ele me surpreendeu e voltou. Depois de passar dois anos fora, retornou para o *The Boston Globe* como editor-chefe da revista, um bom trabalho quando você deseja fazer jornalismo de qualidade e perder todo o seu tempo livre.

– Senta – me disse Francis, afastando os calhamaços de rascunhos sobre sua mesa.

A última vez que aceitara um convite para sentar na sua sala, eu nem desconfiava que a minha vida estava prestes a mudar. Agora eu tinha vindo agradecer por isso. Mas também queria entender algo que nunca me dera o trabalho de perguntar quando ele começou a me encher de dados para argumentar que homens não tinham amigos e isso era uma crise de saúde pública. Por que *ele* estava juntando todas aquelas informações?

Ele soltou outra gargalhada. Se eu tivesse que descrever Francis usando apenas uma frase, diria que ele tem o riso frouxo. E aquela risada dizia: Você me pegou.

– Sabe quando dizem que as notícias são aquilo que acontece com os editores? – começou ele e soltou outra das suas risadas. – Eu sabia que você tinha a minha idade, que nós dois tínhamos empregos exigentes e acabáramos de começar nossas famílias. E sentia que nunca tinha tempo para os meus amigos. Nunca. E pensei: "Como vai ser daqui a 20 anos?" Você olha ao redor e as pessoas têm um cônjuge ou parceiro, se tiverem sorte, mas costuma ser só isso. Eu estava contando com a minha esposa para organizar todos os nossos eventos sociais e vivia pedindo desculpas para os meus amigos por perder alguma coisa ou por eles não conseguirem falar comigo. Foi mais ou menos isso. Não me sentia solitário, mas estava chegando lá. Dava para ver que caminhava nessa direção, se é que isso faz sentido. Foi esse sentimento e a questão de "Será que outras pessoas se sentem assim?". Sabe quando, às vezes, você nota algo na sua vida e tudo começa a fazer sentido, e você passa a reparar em detalhes que nunca tinha visto antes? Acho que me senti assim e aí li as declarações do conselheiro de saúde do governo e me questionei se havia algo ali. Eu estava testando os meus sentimentos. "Sou só eu ou há outras pessoas se sentindo da mesma maneira?"

Responder sim a essa pergunta nitidamente havia mudado

o rumo da minha vida. Perguntei se a mesma coisa acontecera com ele.

— Essa é a pergunta-chave. Pensei muito nisso. E é complicado. O fato de eu ter voltado para cá complica ainda mais as coisas. Seria uma história tão mais fácil se eu continuasse em outro lugar. Um dos motivos para eu ter ido embora era a quantidade de coisas que estavam acontecendo. Eu tinha filhos pequenos, queria ter uma vida mais equilibrada para passar tempo com eles. Mas também queria começar um hobby. E é claro que queria encontrar meus amigos. Cheguei até a mandar mensagem para um deles depois que saí daqui, dizendo: "Sei que tem sido difícil falar comigo, mas vou começar em um emprego novo que vai me dar mais equilíbrio no quesito vida/trabalho e vou me esforçar mais para manter contato."

Então ele fez uma pausa. Sua expressão mudou. A alegria dessa decisão bateu de frente com aquele negócio que chamamos de realidade.

— Eu não tive tanto sucesso assim – continuou ele –, e isso aconteceu, em parte, porque percebi que não sou esse tipo de pessoa. Eu me jogo no trabalho. É um hábito mais difícil de perder do que eu imaginava.

Havia um tom de culpa na sua voz. Essa é a pegadinha da vida. Dedicar tempo a uma coisa significa perder tempo para todo o resto. O objetivo ideal é "ter prioridades", mas esse conceito simplifica demais algo subjetivo e fluido. Talvez fosse mais realista identificar suas prioridades e se certificar de que nenhuma delas fosse negligenciada. Para Francis, trocar a missão do jornalismo intenso por algo mais tranquilo significava negligenciar algo que era importante na sua vida. Aquela segunda tentativa tentaria provar que ele poderia fazer seu trabalho sem abrir mão do resto. E a vantagem agora era simplesmente que ele estava ciente disso.

— Enquanto eu estava fora, comecei a jogar golfe – disse ele. Uma pausa para uma risada de ambos os lados. – Mas o golfe era só uma desculpa – continuou. – Uma das coisas que você disse na sua matéria, que eu nunca tinha escutado antes, mas que vou lembrar para sempre, foi sobre encarar a vida lado a lado. Eu estava ansioso para ter tempo para implicar com meu amigo Kyle e o golfe era a atividade que ocupava nossas mãos enquanto conversávamos sobre filhos e coisas de casa.

O retorno dele para o mundo dos prazos do jornalismo significava menos tempo para conexões, mas fiquei feliz por ele estar nitidamente se esforçando quando era possível.

– No fim de semana passado, sábado à noite, eu e o Kyle fomos ao cinema. Fomos a uma sessão de 22h30, que é tipo a hora que vou dormir, mas saímos de casa às 21 horas, quando as crianças estavam indo para a cama, tomamos umas cervejas, batemos papo, assistimos ao filme até 00h30 e então o deixei em casa. Pareceu um encontro e foi ótimo. Sinto que estou fazendo coisas assim porque boa parte do que você escreveu me marcou. Não há um botão que eu poderia apertar para consertar tudo. Ainda tenho muito que mudar. Mas colocar as coisas em palavras me torna mais ciente de tudo.

E foi isso, em resumo. Bons editores são assim. Você pode enchê-los com um emaranhado de pensamentos e eles vão ajudá-lo a encontrar o caminho da história.

Nunca haverá um momento de "felizes para sempre" na minha jornada. Não há uma poção que salvaria todos. Não há um botão que poderíamos apertar para consertar tudo. Mas eu tenho as palavras e talvez algumas ferramentas que me ajudam a permanecer atento. E Francis me elogiou por usar o recurso mais simples de todos:

– Você se faz presente. As pessoas estão certas quando dizem que 90% da vida se resumem a estar presente. Ninguém se importa se você tem algo profundo ou diferente para dizer; o que importa é estar presente para seus amigos. Aprendi isso ao longo da minha jornada e tudo meio que começou com você. O fato de nos fazermos presentes e dizer "Gosto da sua amizade" é muito importante para as pessoas.

— Bom, você é meu amigo — falei para ele — e fico feliz por ter voltado.

◄◄ ►►

Tenho fantasias sobre começar as coisas do zero. Às vezes elas surgem em sonhos, quando me oferecem a oportunidade de voltar para algum momento do passado e refazer minha vida, só que sem tantas burradas. Outras vezes elas se manifestam no mundo real, como quando um ex-colega de trabalho que eu mal conhecia perdeu tudo que tinha em um incêndio. Perguntei a ele, meio nervoso — e ainda por cima no banheiro da redação —, se não era legal ter que comprar todas as suas meias de novo e recomeçar. Ele confessou que a experiência estava sendo libertadora, apesar de sua expressão facial indicar que dizer aquilo em voz alta parecia errado.

Por sorte, a vida tem uma cura para essas fantasias de recomeço. Ela se chama criar filhos.

Veja bem, até aqui consegui resistir bastante ao meu desejo de oferecer conselhos nestas páginas. O único conselho que me sinto à vontade para oferecer sem ninguém me pedir é: não ofereça conselhos sem alguém pedir.

Tenho talento para fazer perguntas, mas nem tanto para dar respostas, porque amizades são uma questão emocional e, assim, não existem "especialistas". Para ilustrar isso, quero mencionar de novo que o mundo nunca teve tantos trabalhos acadêmicos "especializados", ao mesmo tempo que nunca vimos tanta gente se sentindo desconectada. Os estudos oferecem orientação, sem dúvida, e os dados horríveis sobre a solidão e seus efeitos deveriam ser interpretados como um alerta, assim como um exame de sangue com resultados ruins. Porém existem poucos remédios óbvios e saber não é meio caminho andado. Informar-se sobre os perigos inacreditáveis do isolamento e os milagres que conexões fortes causam na saúde com certeza é o primeiro passo, o alerta. Mas todos os outros passos para manter amizades na sua vida exigem determinação – tê-la, demonstrá-la e priorizá-la na sua rotina.

Criar filhos, por outro lado, exige a oferta diária de conselhos. A maioria deles é corriqueira: "Se você deixar seus sapatos perto da porta, não vai precisar passar a manhã toda procurando por eles." Boa parte serve apenas para manter as crianças vivas: "Se eu fosse você, não enfiaria a tesoura nessa tomada." Mas também há muitos momentos profundos em que você tem a oportunidade de aconselhá-los sobre o que mudaria caso pudesse voltar atrás. É como oferecer um discurso de formatura rápido para uma plateia presa em cadeirinhas no carro.

"O que os jovens deveriam fazer com suas vidas?" Essa é uma boa pergunta e o escritor Kurt Vonnegut bolou uma boa resposta. "Muitas coisas, é óbvio", disse ele. "Porém a mais ousada seria criar comunidades estáveis que curariam a doença terrível que é a solidão."

O mundo em que meus filhos crescerão é muito diferente daquele em que nasci, portanto, meus discursos de formatura são endereçados a eles de forma individual, mas também como membros de uma geração ainda não nomeada, que vou chamar – tanto para incentivá-los como para desafiá-los – de Unidos.

Nascidos depois da Geração Z, os Unidos puxaram seu primeiro fôlego na era que começou com a eleição de Obama e continuou com Trump, um mundo em que possibilidades e divisões sociais parecem andar de mãos dadas.

Ainda bem que é um mundo em que velhos erros estão sendo consertados. Mas lições antigas também estão sendo ignoradas ou esquecidas, especialmente quando se trata de comunidades humanas estáveis. Como uma espécie cujo sucesso foi baseado em habilidades sociais pode perder o prumo justamente no momento em que finalmente nos conectamos? Algo que dava certo antes foi abandonado agora?

A resposta deve ser sim, e isso é doloroso se pararmos para pensar em como tivemos talento para criar e manter comunidades de amigos no decorrer da nossa longa história compartilhada. A cada segundo da história do *Homo sapiens*, você teve ancestrais diretos criando filhos que sobreviveram para criar os próprios filhos. Isso exige uma rede de apoio. A união faz a força. Espero que os Unidos voltem a entender isso.

"Sobrevivência", na narrativa romântica moderna, é vista como um ato solitário: um homem que enfrenta o mundo. Caras durões geram filmes melhores do que a galera comum que enfrenta desafios comuns. Mas a história humana não foi feita por lobos solitários, e sim por grupos, coletivos, comunidades, amigos. Saber que você pode contar com alguém e que essa pessoa pode contar com você é uma das interações humanas mais recompensadoras. Há um benefício mútuo profundo nisso, sim, mas também uma alegria profunda. O brilho da conexão humana só não é melhor que o brilho da concepção quando se trata de atos humanos semelhantes à magia. Eu gosto de você, você gosta de mim e, juntos, não precisamos escalar sozinhos essas montanhas.

Mas tudo mudou na era da internet. Esse é o "antes e depois" da história da humanidade. É aquilo que conecta e desconecta. E acho que cada segundo que separa o momento em que escrevo estas frases do momento em que você as lê serve para fazer essas preocupações soarem mais esquisitas. Sempre que uma novidade surge na internet e para de acontecer cara a cara, diminuímos o suprimento de capital social do mundo. Esse é o termo científico para o valor que conexões positivas entre pessoas têm em nossas vidas e pode ser o bem mais importante do ecossistema. Em um nível mais básico, quanto mais as coisas se tornam mecanizadas, menos compreendemos uns aos outros como indivíduos, porque passamos menos tempo conversando de verdade. Nós já fazemos compras pela internet, vamos ao cinema no nosso sofá e pedimos comida por aplicativos. Nossa! Até procuramos parceiros românticos na internet, eliminando a necessidade de sair e falar com pessoas diferentes para encontrar algo que chame a atenção.

Há anos que a única coisa que forçava a interação entre adultos – trabalho – passa por um abalo sísmico tão poderoso que foi chamado de a Quarta Revolução Industrial: máquinas a vapor, eletricidade, computação... Trabalho remoto? A quantidade de pessoas que trabalham de casa é cada vez maior e a chegada do novo coronavírus só acelerou o processo. Mas essa tendência já gerou o setor oposto dos espaços de *coworking*, em que pessoas pagam uma grana para compartilhar um escritório porque perceberam que trabalhar sozinho nem sempre é divertido.

Tudo isso se encaixa no mito da "pessoa ocupada", que é idolatrado em nossa cultura, encarado como sinônimo de sucesso. Há dois problemas nisso. O primeiro, na verdade, é que estamos menos ocupados do que nunca, algo que sem dúvida é facilitado pela computação. As horas que você passa arrastando a tela no Instagram ou tentando escolher ao que assistir na Netflix não contam como ocupação. E o segundo é que não devemos confundir uma "vida ocupada" com uma "vida cheia". Essa propaganda enganosa é perpetuada há tempo demais. Então vou repetir: fomos enganados pelos enganados.

Porém a parte mais preocupante para mim, especialmente como pai, é como preenchemos nossas vidas com redes sociais. Desperdicei tempo demais navegando pelo Facebook e pelo Instagram e não existe a possibilidade de ter uma recaída. Basicamente, me sinto mais otimista sobre as pessoas. De verdade. Também penso nelas como pessoas de verdade e não como personagens. Isso porque as minhas interações acontecem ao vivo ou usando tecnologias para falar com os outros de forma particular, como uma ligação, um e-mail ou uma mensagem de texto. Essas interações sempre parecem mais propensas a causar um depósito positivo no banco do capital social.

Esse é o ambiente onde os Unidos crescerão – e não posso esconder meus filhos. Eles se tornarão adultos em um mundo com comunidades cada vez mais específicas, apressado pela internet, onde existem subposts dentro de subfóruns em subculturas, cada um existindo para enfatizar uma diferença e não para destacar uma semelhança mais ampla. Assim, meu apelido, os Unidos, é um desafio para eles pensarem em termos de geração, não como "nós" e "eles", mas como "nós" – e reconhecerem que suas comunidades (porque eles pertencerão a muitas) precisam se alinhar para formar uma sociedade. Foi assim que a cultura humana evoluiu e não podemos abandonar essa história. Em vez disso, ela deve ser desafiada a continuar seguindo em frente.

E, como pai, o meu desafio será igual ao de gerações de pais antes de mim: ensinar meus filhos "a ser homens" no mundo em que nasceram. É uma tarefa que precisa equilibrar verdades essenciais do código genético dentro do *Homo sapiens* do sexo masculino com cortar os hábitos ruins aprendidos sobre aquilo que os homens "deveriam ser". Em um ensaio maravilhoso para a revista eletrônica *Salon*, a socióloga Lisa Wade escreveu que "para serem amigos próximos, os homens precisam estar dispostos a confessar suas inseguranças, a ser bondosos com os outros, a ter empatia e, às vezes, a sacrificar os próprios interesses. Mas 'homens de verdade' não podem fazer essas coisas. Eles devem ser egoístas, competitivos, frios, fortes (sem nenhuma insegurança) e capazes de lidar com seus problemas emocionais sem ajuda. Assim, ser um bom amigo e precisar de um bom amigo equivale a ser feminino".

Esses conceitos nos trouxeram até aqui: a uma geração de homens que não sabem manter amizades. Entretanto, uma das melhores coisas sobre pais é que todos compartilham o desejo de que seus filhos não cometam os mesmos erros que eles. Sou da Geração X, que aperfeiçoou um ar de indiferença e tal. Agora somos obcecados por manter nossos filhos social e emocionalmente ocupados de maneiras que nos parecem estranhas. Os indolentes de ontem são os pais superprotetores de hoje.

A escola dos meus filhos tem um Banco dos Amigos no parquinho, onde uma criança pode sentar quando se sentir excluída. Se isso existisse quando eu era garoto, ninguém chegaria perto dele, por medo de ser ridicularizado. Seria dez vezes pior do que passar o recreio sozinho. Uma vez perguntei ao meu filho mais velho se ele ficaria com vergonha de sentar no banco e ele não entendeu a pergunta. Por que ele sentiria vergonha de admitir que estava se sentindo sozinho e precisava de um amigo?

São esses pensamentos que passam pela minha cabeça enquanto termino este livro. E o sonhador ingênuo dentro de mim queria construir um Banco dos Amigos para o mundo, para forçar as pessoas a entender que não há problema em admitir que você precisa de um amigo para sentar ao seu lado.

E então o novo coronavírus chegou.

Quando o mundo foi obrigado a se isolar de uma hora para outra, isso causou uma solidão forçada. A parte especial era que estávamos todos passando por aquilo juntos, extremamente cientes disso e dispostos a conversar sobre a questão, porque não havia mais nada sobre o que falar. Em vez da pergunta filosófica "*Por que* não estamos nos encontrando?", todos encarávamos a questão concreta de "*Quando* poderemos nos encontrar?".

A ciência social diz que formamos nossos laços mais fortes quando enfrentamos algo juntos, porque isso nos oferece oportunidades para vivenciar a mágica de nos sentirmos necessários para outras pessoas. Tais oportunidades são raras na vida adulta moderna. Raramente precisamos demonstrar um comprometimento com o bem comum. Mas o desejo de fazer uma contribuição como essa existe dentro de nós. Está na nossa programação. É por isso que "atos pró-sociais", como são chamados, são recompensados com a liberação de hormônios prazerosos.

Porém, mesmo no mundo moderno, existe uma forma certeira de fazer isso em grupo. Uma oportunidade que, quando se apresenta, libera esse desejo de forma incomparável, gerando a cola social mais forte que temos. E eu torcia muito para nunca passarmos por isso.

Catástrofes coletivas são terríveis em todos os sentidos. Em todos menos um, porque nos obrigam a voltar para casa, para os animais tribais em que nos transformamos após milhões de anos de evolução. Quando a situação fica feia de verdade, temos a oportunidade de cumprir a definição básica de comunidade, de tribo, que é cuidar uns dos outros.

Apesar de o guia oficial de instruções para calamidades pedir às pessoas que se unam, essa crise exigia que a gente se separasse. Pelo menos fisicamente. Enquanto boa parte do mundo entrava em quarentena, duas crises de saúde chegaram ao mesmo tempo: o vírus e a solidão causada pelo isolamento forçado enquanto lutávamos para impedir a disseminação dele. Nunca na história da humanidade tantas pessoas ficaram tão sozinhas.

Contudo, desse buraco sem fundo uma moda visível surgiu. As pessoas imediatamente começaram a se reunir com suas conexões tribais. De repente, eu me vi em grupos de mensagens com todas as galeras das quais já fiz parte. Amigos do ensino médio. Amigos da faculdade. Meu grupo da pós em jornalismo. Meu irmão e meus primos. Meus amigos da academia. Uma galera com quem eu participava de jogos de bar uma década atrás. Os caras do meu grupo de *fantasy* de *Survivor*.

Meu telefone vibrava, em média, a cada oito segundos, geralmente com a última versão do meme de um cara nu com um pênis imenso, mas servia ao propósito básico de manter contato. Só para garantir.

Então vieram as chamadas em vídeo dos grupos. Fazia anos que a tecnologia existia, jogada para escanteio, a maior chateação do trabalhador remoto obrigado a aturar reuniões virtuais. Do dia para a noite, elas se tornaram a fogueira virtual, um lugar para desabafarmos juntos no fim daqueles dias incertos.

Nossa, eu até comecei a fazer telefonemas de verdade – e olha que odeio ligar para os outros.

A parte mais interessante é que nenhuma dessas coisas poderia ser categorizada como uma "rede social". Em vez disso, todo mundo se voltou para as plataformas de comunicação que poderiam receber a descrição mais apta de "redes tribais". De forma natural e instintiva, as galeras estavam se reunindo.

"As catástrofes parecem ter o efeito – às vezes, em um intervalo de poucos minutos – de retroceder 10 mil anos no tempo da evolução social", escreveu Sebastian Junger em seu maravilhoso livro *Tribe*. "Não há como sobreviver fora do grupo e isso cria uma conexão social de que as pessoas sentem muita falta."

Passei a ser adepto da crença cada vez mais popular de que boa parte do sofrimento, da ansiedade e da desconexão modernos é consequência de termos abandonado o estilo de vida tribal para o qual fomos criados. E, de um jeito muito estranho – digitalmente, em isolamento físico –, estamos demonstrando o desejo de voltar atrás.

⏮ ⏭

Conforme a quarentena foi sendo aliviada aos poucos e a vida retomou certa normalidade, tivemos nossa primeira Quarta Alternada. Dessa vez não tentei reunir o grupo todo. Limitei o evento a meus três novos melhores amigos.

Um melhor amigo não é uma pessoa. É uma lista. Mindy Kaling disse isso uma vez em seu programa e fiquei empolgado na mesma hora, porque imediatamente me senti livre de alguma regra esquisita que eu seguia sobre melhores amizades.

Tive muitos melhores amigos ao longo dos anos, começando com meu primo e meu irmão. Então vieram vários amigos de escola e esportes, mas sempre encarei "melhor amigo" como um título que apenas uma ou duas pessoas podiam ocupar por vez, senão ele perderia seu valor. Por muito tempo ele pertenceu a Mark e Rory, meus amigos da época da escola, um marco compartilhado que parecia ser a nota de corte para a formação de melhores amigos.

Mas é muito mais interessante pensar em melhores amizades como uma lista, um pódio que pode ser ocupado por muitos em vez de um pedestal que abriga apenas uma ou duas pessoas. Adotar essa visão permitiu que eu aceitasse minhas novas relações sem sentir que estava traindo as antigas. Mark e Rory ainda são meus melhores amigos. Assim como meu irmão e meu primo.

Assim como todos que surgiram no meio do caminho. Assim como todos que chegaram depois.

Durante a quarentena, fiquei feliz ao descobrir – ou, talvez, ao me permitir admitir – que eu tinha três novos melhores amigos: Kevin, Jon e Andrew. Eu falava com eles quase todos os dias, mesmo enquanto o grupo principal das Quartas Alternadas entrou em recesso por causa da Covid.

Eles eram os três caras de quem eu era mais próximo quando comecei o experimento, mas, na época, duvido que qualquer um de nós chamasse o outro de melhor amigo, apesar de eu passar mais tempo com eles do que com as pessoas que carregavam esse título. Porém, quando a pandemia chegou e tivemos que nos proteger, acabei tendo mais contato com eles do que com qualquer um dos titulares antigos. Assim que o clima esquentou, as restrições foram lentamente removidas e ficou claro que poderíamos organizar nosso primeiro encontro socialmente distanciado ao ar livre, ninguém sugeriu reunir a galera toda. Em vez disso, fizemos planos só nossos. Kevin teve a bondade de comprar um barco para nós, então isso virou nossa atividade.

Não sei o que vai acontecer com as Quartas Alternadas. Ainda amo todos aqueles caras e, sinceramente, espero que a gente consiga se encontrar de vez em quando por toda a eternidade. Mas, na verdade, a fraternidade nunca decolou de verdade. Não deu muito certo.

Minha ideia genial foi um fracasso.

Tudo que me restava eram três melhores amigos para sair comigo nas noites de quarta.

⏪ ⏩

Lorne Michaels, o criador de *Saturday Night Live*, gosta de dizer que seu programa não passa na televisão porque está pronto. Ele passa na televisão porque é às 23h30. E é seguindo essa linha que me vejo tentando concluir esta jornada, pelo menos nas páginas deste livro, porque o pessoal da editora me obrigou a assinar um contrato prometendo que eu faria isso. O problema é que ainda estou no meio da minha história sobre amizades e vou permanecer assim até contar todo mundo que aparecer no meu enterro.

A pessoa que eu era no começo desta jornada é muito diferente da pessoa que sou agora. Fico com vergonha quando escuto os outros dizendo isso, mas estou com uma cabeça muito legal. Meus amigos são uma prioridade na minha vida e acho que isso nunca vai mudar. A parte mais legal é que sinto que eles também me priorizam. Quando levantei a mão e admiti ser um pouco solitário, dei a mim mesmo e a muitos dos meus amigos a quantidade certa de lubrificante para soltar as relações que estavam emperradas. Isso aconteceu de todas as formas importantes, mas também de inúmeros jeitos menores. Em um fim de semana, meu amigo Will veio de Providence, em Rhode Island, e meu amigo Scott veio de Portland, no Maine, e passamos o tempo revivendo nosso grupo de *fantasy* de *Survivor*. Em outro fim de semana, fui com Rory e nossos amigos Patrick e Joe para Lowell, Massachusetts, para revisitar o túmulo de Jack Kerouac, algo que nós quatro fizemos em nossa época de aspirantes a gênios literários.

Também retomei o contato com um cara chamado Timmy, um dos meus amigos de infância de Southie – um daqueles clássicos caras de Boston, tanto pelo sotaque como pelo comportamento –, e esse relacionamento ganhou uma importância ainda maior depois que Timmy foi atropelado por um carro e sofreu um traumatismo craniano grave. E fiz um novo melhor amigo no trem, um cara chamado Jody que está tentando me transformar em alguém capaz de caçar com arco e flecha e pescar com arpão, sem sucesso. Ainda não consegui acertar nada, mas fico ótimo em roupas camufladas.

A lista não para por aí e estou determinado a continuar acrescentando nomes a ela.

Quando comecei esta jornada, preenchi o questionário da solidão da UCLA e meu plano era refazê-lo no fim da experiência. Mas não quero mais saber da escala.

Meus relacionamentos melhoraram. E melhor sempre é melhor. Isso basta para mim.

⏪ ⏩

A mensagem chegou pouco antes das 2 horas da madrugada, mas só a vi na manhã seguinte. Imediatamente entrei em pânico.

Fazia algumas semanas desde a última vez que eu falara com Rory e ele parecia estar ótimo. Havia mais de um ano que ele tinha uma namorada nova e os dois combinavam. Ela era legal, divertida e, em determinado momento, ele me arrancou uma risada ao dizer:

– Eu não sabia que um relacionamento podia ser tão fácil.

Mas, merda... Enquanto relia sua mensagem, precisei admitir que não lembrava mesmo quando fora a última vez que nos falamos. Talvez algumas semanas fossem, na verdade, um mês. Quem sabe mais. A gente tinha caído naquela armadilha de novo? Fiquei preocupado.

"Oi, cara", escreveu ele. "Já está tarde e é óbvio que você vai pensar 'Ah, Rory', mas a verdade é que... estou com saudade. A gente pode se encontrar sem ter um plano ou uma atividade? Seria bom ter um melhor amigo agora... ou amanhã ou quando você puder."

Respondi assim que li a mensagem: "Cara, me liga quando você acordar!"
Esperei uma hora e liguei. Então liguei de novo. Liguei pela terceira vez. Até que cogitei de verdade chamar reforços.
Finalmente, cerca de oito horas após a mensagem original, ele respondeu:
"Em reuniões até as 14. Ligo depois."
Porra, Rory.
Quando conseguimos nos falar, ele me explicou que só estava desanimado por causa dos seus problemas legais com Cersei, que já duravam mais de um ano, enquanto tentavam dividir a casa, a empresa e tudo que tinham juntos. Os advogados estavam sugando seu dinheiro; as brigas estavam sugando sua vida; e ele só queria que aquilo acabasse para poder seguir em frente.
Fiquei feliz por não ser nada pior, é claro. Mas preciso confessar que fiquei irritado por ele me passar a impressão de que era. Quando conversei com minha esposa sobre isso e mostrei a mensagem, ela balançou a cabeça e me lançou um olhar. Eu tinha entendido tudo errado, ela disse.
– Isso foi uma conquista imensa para vocês dois. Esse tipo de coisa nunca teria acontecido antes. Ele jamais tentaria falar com você no meio da madrugada se estivesse triste. – Minha esposa se afastou e eu relia a mensagem com um novo olhar quando ela gritou de outro cômodo: – Acho que é assim que o seu livro devia terminar.

Agradecimentos

Escrever um livro não é uma atividade solitária. Ela exige amigos e tive a sorte de ter companheiros ótimos ao meu lado desde o começo. No *The Boston Globe*, Francis Storrs me lançou nesta jornada e Brian McGrory, Jen Peter, Steve Wilmsen e Nestor Ramos foram aliados incríveis, ajudando o projeto a ser concluído. Richard Abate, da 3Arts, fez mágica para me apresentar ao editor perfeito para esta história, Jofie Ferrari-Adler, da Simon & Schuster, que, junto com Carolyn Kelly, fez com que este fosse um projeto colaborativo mais recompensador do que eu poderia ter imaginado.

Nasci com sorte, pois tenho pais maravilhosos, Billy e Rachel, que me instilaram um amor por contar histórias desde o começo, e uma avó, Rosalia, que sempre me incentivou.

Então há meus melhores amigos, as pessoas que transformaram esta longa e esquisita jornada que chamamos de vida em uma montanha-russa de diversão: Jack, Tommy, Michael, Jamie, Timmy, Rory, Mark, Michelle, Kristin, Mike, John, Steve, Brittney, Catherine, Kathy, Kathleen, Sara, Joe, Patrick,

Nick, Dan, Matt, Rob, Farrell, Rhaoul, Scott, Chuck, Melissa, Amy, Iqbal, Darren, Victor, Emily, Angie, April, Carter, Arrin, Andrew, Jim, Tim, Tom, Sheila, Jon, Kevin, Jill, Chris, Kara, Whitney, Jaime, Dianne, Brian, George, Johnny, Odessa, Jordan, Sridevi, Zac, Kyle, Pat, Giselle, Ryan, Lindsey, Gerry, Erik, Jay, Jason, Stubba, Will, Akilah, Tracy, Martine, Dina, Maria, Beth, Jessica, Aram, Andrew, Jen, Josh, Eric, Sam, Amber, Rebecca, Jody, Chad, Heather, Robin, Brooke, Casey, Eliran, Jonti, Theresa, Ashley e até Nathan. Faz tempo demais que a gente não se vê, galera; precisamos nos ver mais.

E, mais importante, minha esposa maravilhosa, Lori, e nossos meninos lindos, Charlie e Jake, que tornam cada dia melhor do que o anterior. Vocês são mais do que apenas família. Vocês são meus amigos.

CONHEÇA OUTRO TÍTULO DA EDITORA SEXTANTE

O poder curativo das relações humanas
VIVEK MURTHY

Quando Barack Obama o nomeou a principal autoridade médica para enfrentar os desafios de saúde pública dos Estados Unidos, o Dr. Vivek Murthy não imaginava que a solidão se revelaria uma das maiores ameaças ao bem-estar físico e mental das pessoas.

Neste livro, ele mostra que essa condição está na origem dos problemas mais graves que enfrentamos hoje: do uso abusivo de álcool e drogas à epidemia de violência, depressão e ansiedade.

Para Murthy, a solidão é uma questão universal e afeta não apenas nossa saúde, como nosso desempenho profissional, a maneira como lidamos com a crescente polarização política e até mesmo a forma como nossos filhos vivenciam a experiência escolar.

Mas ele também revela a cura, que está ao alcance de todos: basta valorizarmos nosso desejo profundo e inato de estabelecer conexões.

Nós evoluímos fazendo parte de uma comunidade, forjando laços duradouros, ajudando uns aos outros e compartilhando experiências de vida.

Trazendo comoventes histórias reais e as últimas descobertas científicas numa linguagem fácil e acessível, este livro vai ajudar você a acessar todo o potencial curativo das relações humanas.

Para saber mais sobre os títulos e autores da Editora Sextante,
visite o nosso site e siga as nossas redes sociais.
Além de informações sobre os próximos lançamentos,
você terá acesso a conteúdos exclusivos
e poderá participar de promoções e sorteios.

sextante.com.br